guide

# 导读

# 维特根斯坦《哲学研究》

Wittgenstein's

'Philosophical Investigations':

A Reader's Guide

[英] 阿里夫·阿迈德（Arif Ahmed） 著

万美文 译

重庆大学出版社

# 目录

# 前　言

本书的目标读者为第一次接触维特根斯坦的大二、大三学生。本书没有涵盖《哲学研究》的全部内容，但它包含了任何一门关于后期维特根斯坦的课程理应讲授的内容：对《逻辑哲学论》的批评、关于规则遵守，以及私人语言。

本书写于 2009 年夏天，但它成型于 2007 年和 2008 年秋季学期的讲课内容，那门课是专门为剑桥大学那些在哲学学位考试第二部分选择以"维特根斯坦"作为专题论文的学生而开。我非常感谢那些学生贡献的评论和提问。我还要感谢华威大学的迈克尔·伦特利（Michael Luntley）教授对本书第 1 章提出的很有帮助的评论。

# 1

# 背　景

如果你想从维特根斯坦的《哲学研究》中有所收获的话，你就得先对他的《逻辑哲学论》有一定的了解。那部早期著作对当前这本后期著作的影响是最大的，比如说，《哲学研究》的前100多节实际上是对《逻辑哲学论》的核心观点及其前提的直接和延伸的攻击。我在这里简单交代一下那部前作的背景和内容，首先就需要简单讨论一下在哲学上对《逻辑哲学论》影响最大的两位哲学家：罗素和弗雷格。

## 罗　素

19世纪后期，唯心论（idealism）在英国的哲学舞台上占据着主导地位。这种观点大概说的是：我们绝不可能直接认知现实世界本身，相反，人类的经验和思想本身就在我们与现实之间插入了一层有扭曲效果的透镜。所以，我们根本不可能知道现实本身的样子，而只能知道现实对我们显现的样子。这种观点可以追溯到伊曼努尔·康德最早在《纯粹理性批判》（1782）中提出的先验唯心论

(transcendental idealism)。

　　罗素反对唯心论。他在《哲学问题》(Russell 1912)一书中以他一贯的清晰风格概述了一种替代观点。对完全不熟悉这个领域的读者来说,这本书应该是最好的敲门砖。

　　罗素认为,我们可以直接认识现实,那要通过被他称作"亲知"(acquantance)的关系来实现(Russell 1912:23)。具体来说,亲知关系将认知主体与感觉知识的直接对象联系起来,那些对象并不是像桌子、山峦之类持续存在的物理对象,而是感觉本身:色块、声响、气味等。罗素把这些叫作感觉材料(sense data)(Russell 1912:4)。亲知还将认知主体与白色、多样性、兄弟关系等共相或概念联系起来(Russell 1912:28)。

　　他进而将这种论述延伸到意向性问题(即语言和思想如何可以是"关于"它们之外的对象)。罗素认为,亲知关系可以回答这个问题:"我们所理解的每一个命题都是由我们亲知的东西组合而成的"(Russell 1912:32)。所以,"关于"关系就变成了同一关系:你的思想就是你的思想所"关于"的那些东西,而那些东西能成为你的思想正是因为你亲知到它们。这里的"你"不是指你的身体,而是那个非感官的亲知主体,也许人们都可以亲知自己,非感官的亲知主体也能够成为自己的亲知对象(Russell 1912:27-8)。

　　但是,诚然有很多命题并不描述感觉亲知的对象或共相——比如,我们大部分的日常思维或言语。比方说,如果我想着"亨利·基辛格是一个狡猾的外交官",我肯定是在想着一个特定的对象——亨利·基辛格——而我对他并不亲知,因为(a)他是一个持续存在的、有血有肉的对象,而不是一幅图像(sight)或一股气味;而且,毕竟(b)我从来没有见过他。

　　罗素对这个问题的回应可以分两步表述。第一步要注意的是，虽然（当我头脑里想着"亨利·基辛格是一个狡猾的外交官"时）"亨利·基辛格"好像与我思维中的某个特定要素相对应，但实际上当时真正与之对应的是和这个名字相关联的一个限定描述语（definite description），也就是形如"那个如此这般的东西"的短语（Russell 1912：28）。所以，我通过"亨利·基辛格是一个狡猾的外交官"这个句子所表达的思想，可以更准确地用"那个如此这般的人是一个狡猾的外交官"来表达。其中，"那个如此这般的人"应该被替换为我将其与"亨利·基辛格"这个名字相关联的描述，比如说，"尼克松第二个总统任期内最后一位国务卿"。

　　第二步要注意的是，包含限定描述语的句子本身也许可以被替换成只含有表示共相的短语的句子。罗素用他著名的描述语理论提供了这样一套替换手册。那一理论将形如"那个 F 是 G"（"The F is G"）的句子翻译成"至少有一个东西是 F，至多有一个东西是 F，任何是 F 的东西都是 G"，或者形式化地表示为：$\exists x \forall y ((Fy \leftrightarrow y = x) \ \& \ Gx)$。所以，那个句子应该被改写成（改写完成后应该仍然表达"关于"基辛格的思想）："至少有一个人是尼克松第二个总统任期内最后一位国务卿，而且最多只有一个人是，无论那是谁，那都是一个狡猾的外交官。"这里，所有对亨利·基辛格的指称都没有了。恰当地重复这几个步骤还可以将对尼克松的所有指称也消除掉。最后得到的句子仅仅包含对共相的指称，而这揭示了一开始的那个句子以令人误导的方式所表达的思想或命题的真正内容。我们可以由此看出，命题真正包含的其实只有我们亲知的对象，即共相。这个通过转换或改写将句子背后真正的思想内容揭示出来的过程，就是维特根斯坦所说的"分析"（TLP 3.2-3.201）。

### 弗雷格

对刚才提到的限定描述语进行形式化分析,全靠与罗素同时代的德国人弗雷格的开创性工作才成为可能。正是弗雷格引入了现在哲学系和数学系一年级新生都要学习且在本质上相同的量词符号。这让他可以系统性地阐释一些超出传统逻辑范围的复杂证明。而且,他的理论允许变元有混合的量化,即在形式化中全称量词"∀"出现在存在量词"∃"的辖域中或反过来。"每个人都比别的某个人高"就是一个简单的例子;还有那些限定描述语充当语法主语的句子,比如说"尼克松第二个总统任期内最后一位国务卿是一位狡猾的外交官"。

我在这里还应该把弗雷格众多哲学贡献中的三个简单介绍一下。

第一点是区分含义和指称。对名字最简单的看法是认为一个名字的意思就是它代表(指称或指代)的东西(见 PI 1[1])。但是,昏星和晨星分别被取名为"Hesperus"、"Phosphorus",直到后来人们发现它们是一样的(其实都是金星)。所以"Hesperus = Phosphorus"这一表达似乎既是真的,同时也提供了信息。但如果

---

1　关于原文的标记。"PI"加上数字所指的是《哲学研究》第一部分的章节号。后面偶尔出现的字母表示一节中的一段,因此"PI 1d"指的是第 1 节的第四段。我用的是《哲学研究》第三版。该版本中的页码与早期版本略有不同,因此,如果我在第三版中引用页码(当我想引用该书第二部分或第一部分中的话时会发生这种情况),我也会提到其在第一版(1953 年)所对应的页码,后者与第二版一致。

任何读过它的人都会很快发现,至少在《哲学研究》中的一些句子并没有表达维特根斯坦本人的观点或态度,而是一个虚构的"对话者"的观点或态度。如果语境中表示得不太清楚,我将使用括号来标出对话者所说的话。

对《逻辑哲学论》的引用也将按章节号列出。与《哲学研究》一样,后面的字母表示一节中的一段。

"Hesperus"和"Phosphorus"这两个名字的意思就是它们表示的东西,那么这个句子只不过说了和同语反复"Hesperus = Hesperus"一样多的内容。弗雷格得出结论,一个名字的意义不限于它的指称,还有一个被称为含义的要素,那是这个名字特有地表征其指称的方式(Frege 1892:57)。含义可以编码进限定描述语中,所以对我来说,"亨利·基辛格"背后的含义就是"尼克松第二个总统任期内最后一位国务卿"。"Hesperus"和"Phosphorus"具有不同含义的这个事实,解释了"Hesperus = Phosphorus"是有信息含量的。

维特根斯坦在《逻辑哲学论》中否定了这种关于简单名称的观点。他认为,一般的英语或德语名字可以通过前面概述的描述语理论的分析而被消解掉;任何在分析过程中保留下来的名字都是简单的——其意义仅仅是其指代的东西(TLP 3.202-3.203)。

但是,他接受了与此对应的弗雷格关于句子意义的观点,因为他同意弗雷格的第二点:我们必须将一个句子所传达的信息与其成分的指称区别开。这一信息内容就是句子的含义,所以"Hesperus = Phosphorus"和"Hesperus = Hesperus"显然有不同的含义,虽然两个句子对应成分的指称是一样的。在《逻辑哲学论》中,维特根斯坦认为句子的含义就是其成真条件(truth-condition),即使得这个句子为真的可能情形的总和(紧跟着 TLP 4.4)。所以,即便两个句子好像说的是同一个东西的同一件事,"尼克松第二个总统任期内最后一位国务卿是一位狡猾的外交官"和"陪尼克松到中国的那个人是一位狡猾的外交官"实际上表达了不同的含义,因为有这样一种可能的情形:比如说,是尼克松夫人而非基辛格陪尼克松去的中国,在这种情形中第一个句子为真而第二个句子为假。一个句子的含义是它所表达的命题或思想,而这才是我们判断它是否为真的东西(只要我们做了判断的话)。

关于弗雷格的第三点就是著名的语境原则:只有当名字或其

他词语出现在一个句子当中时,我们才能追问其意义。这个原则实际上是说:如果我们知道一个符号所出现的每个句子是什么意思,那么我们就知道那个符号本身是什么意思——根本无须再问它本身是什么意思。维特根斯坦在《逻辑哲学论》和《哲学研究》(TLP 3.3, PI 49)中都赞成这个原则。在《逻辑哲学论》中,他认为命题的组成部分不是词语,而是变元,取值范围是所有包含它们的命题,也就是说,它们是函数,其函数值是一系列的命题(TLP 3.313)。例如,"布鲁图杀了布鲁图"这个命题包含了"$x$ 杀了 $y$"这样一个函数,这个函数在 $x$ 取布鲁图、$y$ 取恺撒时,它的值就是"布鲁图杀了恺撒"。

前面的讨论已经表明,《逻辑哲学论》中一些最重要的理论其实是对弗雷格和罗素某些论断的展开或者回应。接下来,我们把这些理论放到它们最直接的语境,即《逻辑哲学论》本身的意义理论当中来讨论。

## 《逻辑哲学论》

维特根斯坦在《逻辑哲学论》中想要回答关于意向性的问题:思想和语言怎么能与它们之外的事物发生关联?他接受了直接指称论,认为名字的意思就是它们所指的东西,因而,他也承认了罗素的方案,即通过分析来揭示日常语句表达的思想,这些思想是一组只包含了那些满足这个要求的简单名字的命题。

在这一点上还有一些更深入的问题。第一,在他看来,在一个被彻底分析的语言中,名字到底指称了什么样的东西?第二,这些名字是通过怎样的结合而形成有意义的句子的?第三,这些句子是通过怎样的结合而形成日常语言的句子的?

与罗素的认识论关切的某种背离,决定了他对第一个问题的回答。在这一点上,维特根斯坦最根本的想法是,我们的思想有确定的意义,每一个思想都将可能情形的空间彻底划分成两块:一块使其为真,另一块使其为假。但是,为了描述这些可能情形,就必须有一个东西在它们每个当中都出现,使得思想可以与之相关。所以,思想中的名字指代的就是那些在所有可能世界都存在的东西。

> 很明显,一个想象的世界,无论它与现实世界多么不同,都肯定与现实世界——在形式上——有共同之处。
>
> （TLP 2.022）

这些对象——它们共同构成了世界的形式——因而一定是坚不可摧的。既然复合的东西一定可以被分解,那么这就是说它们肯定是完全简单的实体。维特根斯坦在《逻辑哲学论》中没有进一步探讨这些对象的本性,他也没有说它们是否与罗素的亲知对象一样,虽然我们也没有理由认为两者一样。

他对第二个问题的回答就是著名的"意义的图画理论"。一个句子由一串像地图上的符号那样的名字组成,两个名字处于某种关系之中(比如,"简"和"约翰"处于"爱"这个词的左右两边),这(或真或假地)告诉我们现实世界的某一特定事态(比如,简爱约翰这件事)（TLP 3.1432）。

根据意义的图画理论,一种语言绝不可能说出它的词语指称了什么东西,除非预设了另一种语言。如果我的思想本身就是通过某种语言而进行的话("那种不需要借助其他任何东西我就能理解的语言"——TLP 5.62),那么这就意味着:我的语言和它所描述的现实世界之间存在的形式上的相似性,绝不可能被完全领会。然而,从某种意义上说,语言本身就是一种关于这种形式的含糊不清的信号:它就像世界跟我们交流其本性时所依赖的媒介那样。因为,通过在语言的内容中包含如此这般的名字,世界向我们展示了它当中包含了如此这般的对象。

　　但这只能"演示",无法言说(TLP 4.126)。所以,哲学本身,特别是《逻辑哲学论》里的学说,如果我们硬要用命题的形式去表达的话,就会变成胡言乱语(TLP 6.54)。哲学不是一堆学说,而是一种活动。

　　这几句话无疑促成了《逻辑哲学论》以之著称的神秘主义。语言能够言说的东西存在着很多限制是贯穿维特根斯坦整个哲学生涯的一个主题。在《哲学研究》中,它又重新出现在对直指定义(PI 28-35)和规则遵守(PI 85-7, 138-201)的处理中。但这其中有一个区别。前作的神秘之处在于由语言揭示的现实世界的隐秘本性;而在后作当中——这也是为什么它会如此令人摸不着头脑——正是日常的一切开始变得神秘。接下来就让我们来看看吧。

# 主题概述

贯穿《哲学研究》的四大主题是：有意义的语句是名字的组合；凡是能说的就能说清楚；意义和理解是伴随着会话和书写的心理过程；我们可以独立于周围发生的事情来谈论、思考自己内在的感觉状态。我在这里简要概述一下维特根斯坦对每个观点的处理。

我们已经看到，维特根斯坦在《逻辑哲学论》中认为，思想通过组合出现在其中的名字来描绘可能情形。在《哲学研究》中，他推翻了这种观点——不是直接地，而是通过攻击一种更加广泛的症候群（这种观点只不过是症状之一）。那种症候群可以被叫作奥古斯丁式的意义概念，因为维特根斯坦在《哲学研究》开头引用了奥古斯丁的一段话来说明它的特点。他接下来就攻击了那些观点。也许其中最重要的假设——它也是《逻辑哲学论》的基础——是：只存在唯一的语言意义现象，而且这要求唯一的理论解释。我们将在下一章的第1节讨论他对这种奥古斯丁式观点（以及相关观点）的攻击。

各种语言有可能并不都属于一个模式，而是共同形成一个"家族"，其中不同的语言活动两两之间具有不同的相似性。这样的话，"语言"就会是一个家族相似(family resemblance)的概念。"但如此一来，说某个东西是语言就是语焉不详！"但是谁说每句话都可以甚至应该表达确定的意思呢？《逻辑哲学论》坚持认为每个句子都说了准确的东西——这样它在每种可能情形中的真假都是确定的，否则它就根本不表达任何思想。而维特根斯坦在这里则力图证明——我们将在下一章的第2节看到——那是对语言和思想的一种狭隘理解，不足以解释我们大部分实际的对话、写作和思考。语言表面上的粗陋并不能隐藏绝对准确的思想，其内容有待哲学来发掘，而且哲学其实也不是要发掘什么。我们会通过对哲学事业的这种图景做一个简短的讨论来结束第2节。

　　"没有什么隐藏的东西"：维特根斯坦在《哲学研究》中试图证明，赋予词语意义的不是我们的语言中隐藏的几个简单符号和复杂的世界中隐藏的几个简单对象之间的某种关系，而是我们对这些实际语言的词语的公开使用。不过乍看之下这似乎是错的，因为乍看起来，似乎词语的有意义地使用肯定有隐藏的心理过程相伴，否则，我们怎么把我们的会话和一段毫无意义的(假设是高度结构化的)声音模式相区别呢？而且，当你第一次理解一个词语时，似乎你当时脑海里的想法才是它的意义，而不是从那次以后你如何使用那个词，否则，前者怎么指导后者呢？维特根斯坦证明了我们想要的意义和理解绝不是这种相伴的心理过程。这些段落容易让读者产生一种"理智眩晕感"，因为如此一来任何人要表达任何意思都是不可能的。我们在下一章的第3节结尾部分将把这种感觉与维特根斯坦个人的观点分离开，然后明确他的观点中真正令人不安的是什么。

　　我们已在前面看到，罗素认为人们可以指称直接感觉亲知的对象，这是他与许多经验主义者们的共同点。很容易设想：有人可以自己创造一种工具来指称亲知对象，而完全不顾他如何公开使用词语。这样一来,就可能存在着这样一个东西,它作为一个隐藏的或内在的意义领域是完全独立于公共语言的。维特根斯坦用以证明实际并非如此的著名论证被称为"私人语言论证"。我们将在下一章的第 4 节讨论这个论证及其背景:彻底颠覆我们用以区分"内心"感觉生活与"外部"肢体活动的直观方法。

我说过《逻辑哲学论》中那个"有些真理只能演示"的观点在《哲学研究》的各种特定章节序列中会重复出现。的确如此,但它最重要的影响(意义)是《哲学研究》将对聪明而又细心的读者所产生的总体影响。在某种意义上,一切都没有变:人们在描述现实世界时倾向于默认使用"常识"的手段,只要这些描述方式不打算闯入哲学就好。但是从另一个角度来说,一切都已经变了:整个世界似乎展现了截然不同的一面。

但是,这种特征不是我能在这里尝试分析或解释的。如果你想欣赏它,那就得读《哲学研究》的原作。无论如何,这肯定与维特根斯坦文字的力量以及论证的质量有很大关系。当然,在这里我只关心论证。

# 文本阅读

## 第1节　奥古斯丁的图画

维特根斯坦在《哲学研究》一开篇引用了圣奥古斯丁《忏悔录》中的这段话：

> 当他们（我的长辈）叫某个东西的名字，并随之靠近那个东西时，我看到他们的动作，并且领会到当他们想指出那个东西时，就用刚才发出的声音叫它。他们的肢体动作向我表明了他们的意图，因为那是各个民族自然的语言：面部表情、眼神、身体其他部位的动作，以及语调能够表达我们在寻找、获得、拒绝或是躲避某个东西时的内心状态。这样，随着我反复地听到那些词语被用在不同句子的特定位置，我逐渐懂了它们代表的东西；当我学会用嘴发出这些符号时，我就用它们来表达我自己的意愿。（PI 1）

他说，这些话包含了一幅特殊的关于语言"本质的图画"。"那就是:语言中的词语是命名对象的——而句子是这些名称的组合"
(PI 1)。

那个"图画"是很多关于语言的哲学理论所共有的,尽管在命名关系有何本性以及命名关系的对象是什么这两点上,很多理论都存在分歧,比如洛克的理论和《逻辑哲学论》的理论。所有关于语言的哲学理论都有一个共同点:它们都要为词语(和包含它们的句子)的意义给出统一的解释。而它们之间的区别在于(a)它们赋予语言哪一种统一性,以及(b)它们把哪些东西当作真正的"名字"。

(a)如果有人说语言中的每个词都是命名对象的,那么他想说的每个词的共同之处到底是什么? 维特根斯坦考虑了三个选项:(i)它们都有同样的功能;(ii)它们都是以同样的方式被引入的;或者(iii)它们的意义都是它们各自所代表的东西。

(b)有的理论将统一性的解释应用到我们的自然语言(比如英语):他们认为自然语言中的语言表达式具有统一的功能或者是以同样的方式被引入的。例如,洛克的意义理论认为普通英语单词所命名的都是观念。而另外一些理论承认自然语言的表达通常没有理论所假设的那种统一性,但主张这种统一性可以通过对语言的分析而被揭示出来。例如,维特根斯坦在《逻辑哲学论》中认为,分析可以揭示出:有意义的英语或德语句子其实是原子句的真值函数复合体,而原子句仅仅是名字的组合(TLP 4.221, 5)。

在《哲学研究》的第1—64节中,维特根斯坦攻击了各种兼有符合(a)和(b)描述的立场的理论。他一开始考虑的是自然语言,但是从《哲学研究》第39节以后就转向讨论这样一种观点:如果将语言限定为"经过分析的"语言,那么符合(a)描述的某些观点也许就能得到辩护。我们不妨和维特根斯坦一样,也从"自然语言的所有词语都以同样的方式运作"这个观点出发。

在此之前,先在这里介绍一点在整部著作中会反复出现的术语是很有意义的。维特根斯坦的很多例子都涉及非常简单的语言或者语言操作,比如,只包含命令的语言(PI 2),或者只包含格子上的颜色名称的语言(PI 48),或者从一个人做决定的语言表达推断出他接下来要做什么的操作(PI 632)。维特根斯坦将这些微语言叫作"语言游戏"(language-games)。他也用"语言游戏"来表示这些语言以及那些通常引起话语或因话语导致 1 的行动(PI 7b-d)。

## 1.1 功能统一性

在《哲学研究》第 1d 节中,他让我们想象:一个人给杂货店老板带去一张写着"五个红苹果"的纸条,店主拿着纸条,

> 打开写有"苹果"的抽屉,然后在一张表上查找"红"这个词,找到对应的色样;接着,他念出基数序列——我猜他心里记得这些数——一直念到"五",每念一个数他就从抽屉里拿出一个颜色与色样一样的苹果。人们就是按照这种以及类似的方式来使用词语的。

13

这个例子说明店主对"五"、"红"、"苹果"这些词的使用有多么不一样。看到"苹果"时,他打开了抽屉;而看到"红"时,他查看色样,如此等等。可是这样一来,还有没有可能为这些词语的意义给出一种统一的解释?想想我们对词语的使用有多么不一样。那么,对任何一种和英语差不多复杂的语言,仅用一种简单的机制得出其中全部词语的意义,这种可能性有多大?

为了生动地展示语言实际的运作方式和设想的语言模型的运作方式之间的区别,维特根斯坦采用了这样的手段:想象有种语言,对它而言那个模型足以解释其运作。这就是他在《哲学研究》

---

1 "引起……和因……导致"是我对"语言及其编织的行为"(PI 7d)的粗略解释。

第 2 节中使用的方法(他在《哲学研究》第 48 节中称之为"§2 方法")。他想象着:

> A 在用石材建房子,那里有石块、石柱、石板、石条。B 得把石料按照 A 所需要的顺序递给他。为了达到这个目的,他们使用了含有"石块"、"石柱"、"石板"、"石条"的语言。A 喊出这些词;B 就按所学的对照喊声递出相应的石头。设想这是一种完全的原始语言。

很容易理解为什么有人会说这种原始语言的所有表达都是名称,假设他的意思是说这些表达都以同样的方式运作。由于它们的作用是一致的(指称对象的方式一样):B 听到"石板!"时对"石板"的指称所做的事情与他听到"石柱!"时对"石柱"所做的事情是一样的,即把它递给 A。但是,赋予《哲学研究》第 2 节中的语言以统一性的那个理由在《哲学研究》第 1d 节中却找不到。很难看出,店主看到纸条上的"五"时对"五"的指称(无论那是什么)所做的事情与他看到"红"时对"红"的指称所做的事情是一样的。

当然,有人可能会生造出一种解释。他也许会认为店主使用
14 "五"来表示"五"这个数,用"红"来表示"红"这种颜色。但是这只不过是在玩文字游戏,因为说每个词语都指称对象并没有揭示其中的相似之处,反而遮掩了它们之间的差别。

> 想象一下,有人说:"*所有的工具都是用来改变某物的。所以,锤子改变钉子的位置,锯子改变木板的形状,等等。*"——那么尺子、熬胶锅或钉子是改变什么的呢? ——"*我们对一个东西的长度的认知、胶水的温度、箱子的稳固性。*"——难道能从这种仿造的表达式中得到什么收获吗? (PI 14)

这个问题的重点和它的答案一样不言自明。

可是如此一来,是什么诱使我们一开始就认为所有的词语都有统一的运作方式呢?维特根斯坦认为这有一种特定的解释:无论是写出来的语言表达还是口头说出的表达都具有统一的外表,这就让它们看起来好像具有同样的获得意义的方式(PI 11b)。

> 这就像查看火车驾驶室一样。那些操作杆看起来都差不多。(很自然,因为他们都是用来操作的。)但是,一个是可以连续活动的曲柄(它控制一个阀门的开口大小);另一个是开关手柄,只有开或关两个有效位置;第三个是制动杆,越是用力拉,制动也就越有力;第四个是一个泵的手柄:只有来回移动时才能起作用。(PI 12)

在这个类比当中,词语可以被比作操作杆:所有的词语看起来都很像。英语里面"red"(红)和"five"(五)都是由同一个字母表里的英文字母组成的,都是以线性的顺序书写的,等等。词语不同的使用,比如"五"和"红",对应了那些操作杆的不同的功能。

但是,他也有一个一般性的解释:产生这种想象的倾向与推动着科学探索的倾向总是一致的,那就是,想要找出一种单一的解释理论来统一截然不同的现象的冲动。牛顿的引力理论可以作为一个极好的例子,能将这种倾向产生的结果展示得淋漓尽致:它能解释迥然不同的现象(苹果落向大地,行星围绕太阳转)是由一个单一的机制(万有引力的力量)运作产生的。而在当前这个例子中,那些现象就是各种语言表达,解释性理论就是任何尝试用一种单一机制(在这里就是指称机制)的运作来解释意义如何产生的理论。维特根斯坦认为哲学不应该在这个方向上努力(PI 109):我们会在恰当的时候讨论其中的原因(见2.3)。

维特根斯坦的批评有多大的说服力?简单审视一下他们实际上说了什么就可以明白,为什么他可能的对手不太会认为《哲学研究》第1d节的例子有说服力。最可能的回应就是,那个例子只是很片面的描述。有一些内心活动伴随着或者先于店主的外部行动，而且当我们从整体上看他的全部行动时，我们就能看到：他对"五"与他对"红"所做的反应是一致的，就像 B 对"石板！"与对"石柱！"所做的事情也是一致的。

接下来，让我们考虑一下洛克针对这个立场所提出的版本。洛克认为，词语的主要目的是命名人的观念（*Essay* III.ii.8）——粗略地说，那就是私人的心理印象。一般来说，这些观念掌控着人们如何将词语应用到外在对象上，它们充当着与外在对象相比对的模板（*Essay* IV.iii.2）。如果一个信箱与某人将"红"这个词所关联的私人观念以某种形式相匹配的话，那么他也应该把"红"用到那个信箱之上。如果一个水果与某人将"苹果"这个词所关联的私人观念以另外一种方式相匹配的话，那么他也应该把"苹果"应用到那个水果上。因为洛克把同样的解释应用到数上（*Essay* II.xvi），所以他的理论可以得出："五"、"红色"和"苹果"的用法具有足够强的统一性，从而可以在某种意义上说这些词有同样的功能。因为每一次，店主对各个词语所"做"的事情就是拿外在对象与其各自关联的观念作比对。这件事先于并且解释了他将这个词应用到外在对象的做法。我们讨论的那段话里完全没有考虑到这一点。

但是，维特根斯坦当然知道这一点。就在这个例子之后，他就马上指出：他让对话者提问道——"但是他是怎么知道在哪里并且怎样去找'红'这个词以及该如何对'五'做出反应呢？"——有人可能想这样回答第一个问题，他在色表上找到那个与"红"所关联的观念相匹配的颜色。但是他并没有进一步阐述。他在《哲学研究》第 73 节会返回去讨论：与"观念"作比对的想法可以解释我们词语的外部应用（在 2.2.3[a][iii]有讨论）。他在《哲学研究》第 258 节批评了这一观点：词语可以用来表示这种比对的对象（见 4.1.2 的讨论）。

### 1.2　直指

哲学家设想日常语言中存在着另一种统一性:词语是通过直指(ostension)被学会的:教你这个词语的人在他念到这个词时会指着或者以其他方式指向这个词的指称对象(PI 6b)。这种图画会让人很自然地联想到经典的经验主义观点——所有的词语代表的是直接的感官(或内省)知觉。但这在圣奥古斯丁那段话里也很明显。维特根斯坦认为,这是过分关注很小的一类表达造成的结果:

> 如果你以这种方式来描述语言学习过程,我认为你首先考虑的是像"桌子"、"椅子"、"面包"这样的名词,以及人的名字,然后才会想到某些动作和性质的名称,而其余种类的词语也会各得其所。(PI 1)

根据这种理论,如果你要教给别人,比如说"如果"这个词的意义时,你要指向什么东西呢? 这个问题也许有答案(见 PI II.vi 中讨论的"如果-感觉")。然而,无论如何,维特根斯坦似乎有一般性论证来反驳这种观点:任何人都能通过直指的方式完全掌握语言能力。

那个论证出现在《哲学研究》第 28—35 节。维特根斯坦在那里好像先是怀疑直指定义是否可能。设想,我想教给别人"红"这个词。我指着一个高高的圆柱形邮筒说:"这叫'红'。"他要是以为"红"的意思是邮筒或高或圆柱形,那么这都是情有可原的。

> 而且,他也同样可以把一个人的名字(我以直指的方式给出其定义)当作一种颜色、一个种族甚至一个方向的名字。也就是说,直指的定义在任何一种情形下都能以多种不同的方式去理解。(PI 28)

说"这种颜色叫'红'"也不能防止误解,因为当我想要对"颜色"给出直指定义时,误解还是可能产生(PI 29a)。即便指着多个东西(比如,邮筒、消防车和西红柿)说"这些东西都叫'红'"也于事无补。因为学生可能会把"红"当成一个适合并且仅仅适合邮筒、消防车和西红柿的谓词。

但是这些例子没有而且也不打算证明:成功的直指定义不可能发生。因为可能产生误解并不意味着这种定义在任何情形下都是有缺陷的,也就是说,即便是在误解实际上没有发生的情形中。只要定义达到了设想的效果,它便成功过,无论是否可能有另一种解释(见 PI 87b-c)。但是它们确实表明:一个直指定义要成功,学习者必须已经准备好"以正确的方式接受"——他必须,比如,当我说"那叫作'红'"时,他要理解我说的是颜色(或者比如说,当我说"这些都叫'颜色'"时,他要懂得我说的是物体表面的一种属性)。

那么"以正确的方式接受"包含什么条件呢? 维特根斯坦写道:

> "数"(或"颜色")这个词是否在直指定义中是必需的,这取决于:如果没有它,另一个人会不会把这个定义理解成与我期望的样子不同……他如何"接受"这个定义可以在他如何使用被定义的这个词中看出来。(PI 29)

最后这句话并不是把"你如何接受这个定义"和"你怎样继续使用被这样定义的这个词"相等同,它只是说我们可以在后者当中看出前者(见 PI 139b 中的"被决定",本书 3.1 节有讨论;PI 201b 中的"体现在",本书 3.4.3 节有讨论)。但是很明显,通常没有什么比他后续对这个词的用法与他怎样"接受"这个定义(即他认为被定义的这个词是什么意思)更相关。而且,维特根斯坦确实在稍后的段落中明确将其与直指定义联系在一起:

> 我们在使用"意义"这个词的**大部分**——尽管不是全

部——情形中,它可以被这样定义:一个词语的意义就是它在语言中的用法。

一个名称的意义有时可以通过指向那个名称的承担者得到解释。[2]（PI 43）

所以我们认为"你如何接受这个定义"其实是说:你会怎样继续使用这个词。

但是,这种对"以正确的方式接受"的理解也有异议。反对者会说,确实,学习者是否"正确地接受了这个定义"顶多只是与他会不会继续这样或那样使用这个词有因果上的关联。没错,"以正确的方式接受那个定义"是与给出直指定义同时进行的经验。这样的经验可以是,比如说,注意被指向物体的颜色或者形状。所以,学习者要"以正确的方式接受""那是'红'"这个句子的直指定义,他就要在直指定义进行的同时注意被指向物体的颜色（而不是形状）,无论他当时（也许还有在那以后）如何使用那个词。维特根斯坦对这种反驳给出了两个回应。

（i）没有一件事是在一个人每次"关注颜色"时都会做的。反过来也就是说,有很多不同的行动我们都可以称之为"关注颜色"。考虑在不同的场景下做这件事情,维特根斯坦举例说:

"这个蓝色和那边的蓝色一样吗？你看出什么区别来没有？"

你在调着颜料,说:"天的蓝色是很难调出来的。"

"天气转好了,你又能看到蓝天了。"

---

2　读者会注意到维特根斯坦提到了这条规则的例外情况,并可能好奇地想知道他允许哪些例外情况。一种例外情况是,一个词的意思被认为是你所体验到的某种东西（例如,如果你重复一个词足够多次,它就会开始"听起来毫无意义"）。维特根斯坦在《哲学研究》（PI pp.182-5/214-17）中讨论了这种情况。《哲学研究》没有明确指出会有什么其他例外。

"看看这两种蓝色区别有多大。"

"你看到那边那本蓝书了吗？帮我拿过来。"

"蓝色信号灯意味着……"

"这种蓝色叫什么？是'靛蓝'吗？"（PI 33）

19    维特根斯坦自己强调，在这些不同的场景中会有不同的身体行为——眯眼睛、用手框出那种颜色，等等——但是这些例子在伴随的经验中也形成了类似的多样性。

但是，无论我们关心的是这些身体行为还是经验，我们都不清楚为什么这种多样性那么重要——特别是考虑到维特根斯坦的家族相似理论时（见2.1）。反对者可能这样回应，有一种过程或经验是在所有这些情形中都出现了的，那就是：关注那种颜色。这么多不同的过程都是注意力向颜色集中的行为，这一事实并不妨碍我们说它们都有共同点，正如桌游、纸牌游戏、球类游戏、奥林匹克比赛虽然看起来很不一样，但那都不妨碍我们称它们有共同之处，即它们都是游戏（见 PI 66）。那么，为什么那些迥然不同的经验就不能都是关注颜色的经验呢？（就像非常不同的经验都可以是对一张脸的视觉经验那样。火星人可能在其中看不到任何共同点。但是难道这意味着我们做错了吗？）

维特根斯坦对另一个相关话题的讨论（PI 171b）在这里可以支持他的观点。事实上，在很多"关注颜色"的情形中，没有什么感觉是做这件事时特有的经验，人们通常一点儿特殊的感觉都没有（除了颜色本身）。当你读到前面这几句话时，你也许关注了这些词语的内容，而不是它们的字体。但是，关注这些内容的经验在哪里呢？

如果真是这样，那么对《哲学研究》第 33 节的这一反驳就离题了："正确地接受一个（比如，表示颜色的词语的）定义"与不正确地接受它之间的区别，不可能是我们在前者当中总是经验到的东西，因为没有什么东西总是出现在那样的情形中。所以,反对这种观点的重要一点不是我们关注颜色时的经验在各个维度上实际的多样性,那种多样性跟它们都属于设想类型的经验(这一事实)是相容的。关键在于,人们能够正确地接受那个定义,同时可能甚至没有任何感觉。

20

　(ii)无论如何,维特根斯坦真正确定的点位于《哲学研究》第34节。设想某种心理状态或心理过程确实成立或出现在全部且仅有那些关注到(比如说)形状的情形中。学习者就不会误解吗?——所以,比如说,他关注形状(即他有了那个经验)同时我说"这(指着)叫'圆'",而他现在把"圆"当成一种颜色的名称。

　　但是,设想有人说:"我在关注形状的时候总是做同一件事情:我的眼睛注视着轮廓,而且我感觉到……"并且设想这个人给另一个人直指定义"这叫'圆'",他指着一个圆形物体,而且有着所有这些经验——难道听他说话的人就不能把这个定义理解成别的样子吗?即便他看到另一个人的眼睛也注视着物体轮廓,甚至他和另一个人的感觉一样。(PI 34)

这个论证援引了《哲学研究》中反复出现的一种模式。它是这样的:有时我们会不禁认为某个表达心理的词语,比如"意指一个立方体"、"指向那种颜色"或"期待着大声的报告",命名了一类特殊的内心状态或过程,而只要想象那类过程伴随着(或产生了)某个与那种心理状态明显不相容的行为,比如意指一个三棱柱、指向那个形状,或者期待着小声的回答。当我们考虑这些情形时,我们会说设想的那种心理状态或过程终究跟它貌似密不可分的那种心理状态其实没有本质联系。

　　所以,如果我们抵制住这种倾向,就能看到可能产生误解这件事并不是表明直指定义是不可能的,而只是说明它们不能在认知空白时产生作用。它们需要学习者有一定的基础能力,而且这个必不可少的基础是:学生必须准备,比如说,按照我们通常使用颜色词语的方式,去回应"红"这个词的定义(即对颜色一样的两个物体,在同样的光照条件下,必须同时使用或者不使用那个词)。

21　　维特根斯坦将这个结论总结如下:

> 现在,我认为,我们可以说:奥古斯丁把人类语言的学习过程描述为就像一个小孩进入一个陌生的国家,他并不懂那个国家的语言,也就是说,好像那个孩子已经有了一种语言,只不过不是他要学的这一种。或者换句话说:好比那个孩子已经会思考,只是还不会说话。而"思考"在这里的意思就类似于"内心独白"。(PI 32)

如果这个结论确实说对了,那么奥古斯丁将直指定义置于所有语言的基础地位之上的做法就是错误的。为了使直指定义成功,学习者必须已经学会某种语言,因而没有哪个学习者能完全依靠直指。

可是,这个结论真是对的吗? 能明确肯定的是:为了使学习者"正确地接受直指定义",他必须预先具备一些不是从直指定义中学到的能力。不过,为什么那些能力一定只能是语言能力?

有这样一种可能性。某种动物能模仿其长辈发出的声音,在一种给定的场景 S 中,其是否会发声取决于场景 S 与其他听到那种声音的场景有多相似。设想那个声音听起来很像"红";设想在且仅在场景 O 中这个物种的幼体会听到其长辈发出这个声音,而且有一个红色物体对各方都是显而易见的。设想后来当且仅当红色物体显现在这个幼体面前时,它会发出像"红"一样的声音。难道这个幼体不就是通过直指定义学会了"红",而且没有预先会说另外一种语言或习得其他技能吗? 就像把《哲学研究》第 2 节中的语言游戏(设想这里就是一种完全的语言,见 PI 6a)所设计的游戏活动当作基本命令一样,他现在难道不是已经算得上可以(关于他所处环境的颜色)做基本的报告了吗?[3]

　　当然,这个孩子可能得具备直指定义无法赋予的一些技能才可以进入学习场景。特别是,他必须预先具有一种相似性标尺。也就是说,任意给定一个有红色物体出现在他面前的场景 S 和一个只有蓝色物体出现在他面前的场景 T,相比场景 T,他会将场景 S 归类为与"红"被介绍给他的学习场景 O 更相似。但是,没有理由设想这是不可能的。事实上,动物和儿童以及人类成年人在某些方向而不是在其他方向上作出归纳推理,这一事实表明,这样的标尺是普遍存在的。比如,有人被火烧到手以后会避开火,而不是猫:这说明在某种程度上,相比后面遇到的猫,他会把后面遇到火的情形看作与原来遇到火的情形更相似。而且,这表明这样的标尺是前语言的(prelinguistic):人可以在完全没有任何语言的时候就具备它(而动物真的具备)。

　　简单地说,对维特根斯坦的反驳是这样的:我们做归纳推理时不可或缺的相似性标尺为什么就不能是"正确地接受直指定义"的非语言基础?[4] 如果是的话,那么原则上不就可能存在这样一种语言游戏,其中所有词语都是通过这种原始的直指形式而被教授和习得的。

　　我们语言中的很多表达不是(也不能)仅仅通过直指学会,而不必借助更多的语言能力。像"电荷"、"质量"、"膨胀",甚至"固体"这样的理论词汇就是很好的例子:单从感官上接触一个固体,

22

---

3　维特根斯坦在《哲学研究》(PI p. 160/187)中讨论了一个类似的例子。在那里,他说:"如果你训练某人在看到红色的东西时发出一种特殊的声音,在看到黄色的东西时发出另一种声音,其他颜色以此类推,他仍然不会用颜色来描述物体。尽管他给出一个描述词可能对我们有帮助。描述语是在空间中(例如,在时间中)分布的表象。"但这看起来有些教条。无论如何,没有理由否认(描述词)报告了某样东西的状态。也没有理由否认这个整体(演示教学加上后来的习惯性反应)是某种语言游戏。

4　这基本上是蒯因(Quine 1969:121-4)关于直指的描述。

并不能把提及固体这个概念的物理理论传递给我（见 Evans 1980：269-70）。所以，要获得这种理论背景必须先懂得一种语言。但是，我们的语言包含这类词语是一个经验事实，而且我们的语言不只包含通过直指就能让没有任何语言知识的人学会的词语，前面说到的那类词语不能通过直指来学习的论证与维特根斯坦提到的论证其实区别非常大。所以在我看来，维特根斯坦并没有成功地得出《哲学研究》第 32 节和上面的引文中他所宣称的反奥古斯汀的结论。5

### 1.3　直接指称论

"所有的词语都是名称"对语言施加的第三种统一性是：所有的词语都指称对象，那个对象穷尽了词语的意义，这样一来只要两个词语有相同的指称，那么事实上它们就具有相同的意义。如果一个词语没有承担者，那么它就没有意义。

23

### 1.3.1　在日常语言中

作为一种关于日常语言的学说，这显然与该领域的任何其他

---

5　有人可能会反对说，我未能区分维特根斯坦所说的"直指定义"和他所说的"直指教学"（PI 6b）。我所描述的与动物有关的训练形式只是直指教学。区别直指定义场合的是，学生能够询问当时定义的事物的名字或类型。因此，我的例子表明，直指教学并不是假定学生已经会说一种语言，而是维特根斯坦旨在建立的一个较弱的论题，即直指定义预先假定了这一点。

我的两个相关回答是：(a)如果我们把学生能够问某个事物的名字作为直指定义的一部分，那么"我给了 X 一个成功的直指定义"必然意味着"X 已经可以说一种语言"。但是，如果这就是维特根斯坦的全部意图，那么他的论证就失去了任何吸引力；(b)奥古斯丁和任何在这一点上可以被合理地视为目标的经验主义者都没有依赖于任何这样的区别：对他们来说，直指处在语言的底部等同于直指教学处在语言的底部。（奥古斯丁没有提到要向长辈们询问面前的物品的名字。）简而言之，对直指教学和直指定义的区分只能以如下的代价挽救维特根斯坦的论证，也就是使之（该区分）无关紧要。

学说一样是错误的。维特根斯坦举出的第一个反例是：

> 　　我们先讨论一下论证中的这一点：一个名字如果没有什
> 么与之对应，那么就没有意义——有一点很值得注意，"意义"
> 这个词如果用来指词语"对应"的东西，那么"意义"这个词就
> 被非法使用了。它混淆了名称的意义和名称的承担者。当某
> 某先生死的时候，有人会说那个名字的承担者死了，而不是那
> 个名字的意义死了。而且，那样说也很荒谬，因为如果那个名
> 字不再有意义，那么说"某某先生死了"也就没有任何意义。
> （PI 40）

现在看来，这个论证似乎有些草率：它假定指称关系——不像，比
如说，优先或因果关系——只能存在于名称和某个与之同时存在
的东西之间。因为如果抛弃这个假设，我们就可以说"某某"即便
在某某先生死了之后仍可指称他。所以，如果有人认为"某某"的
意义就是他指称的对象，那么他仍然可以认为"某某先生死了"这
句话成真之后仍然是有意义的。

　　还有一个例子，通过对《哲学研究》第 2 节中那个原始的建造
工人的语言游戏进行改造，可以绕过这个反驳。我们想象一下，"A
在建造中使用的工具带有一些特定的标记。当 A 给他的助手看这
样一个标记时，他就把有那个标记的工具递过来"（PI 15）。这些
标记可以被看作那些带有它们的工具的名字。

> 　　但是，如果有个名字从来没有被用来命名某个工具，那么
> 它在那个游戏中就没有意义了吗？——让我们假设"X"是这
> 样一个符号，而且 A 把这个符号给 B 看——即使是这样的符
> 号在这个语言游戏中也是有位置的，B 也许会以摇头作为回
> 应。（可以想象这是他们两人之间的玩笑。）（PI 42）

即使"X"有某种意义，但是它不只现在没有承担者（就像"某某先　　**24**

生"那样),甚至从来就没有过。很容易想到日常语言中的名字和其他表达与"X"有着明显一样的用法,而且同样明显地没有承担者(比如像"夏洛克·福尔摩斯"这种小说中的名字,或是"亚特兰蒂斯"、"瓦肯星"这种关联着一组未被满足的条件的名字)。所以,日常语言中没有承担者的语言表达是没有意义的观点是错误的。

### 1.3.2　在《逻辑哲学论》中

不过,这种理论另外还被应用于维特根斯坦在《逻辑哲学论》中说的对日常语言的"分析"(analysis)当中。维特根斯坦在那里认为思想对现实做出了明确的论断:这意味着如果我有一个思想,比如拿破仑于1812年征服了俄国,那么任何一种可能情形要么使其为真要么使其为假。但这是如何可能的呢?毕竟,拿破仑可能从来就没有出生过(比如,若他的父母从来没有相遇)。所以,在他从未出生的可能情形中,我的思想怎么能成其为一个思想——无论它是真还是假——如果没有什么东西(即没有拿破仑)与它相关的话?

在《逻辑哲学论》中,他回答说宇宙是由对象组成的(TLP 2.021)。这些对象的可能组合穷尽了所有的可能性:我们世界所有可能的情形就是所有现实对象存在的情形(TLP 2.022-2.023, 2.0271)。所以,这些对象是不可毁灭的,也就是说,是必然存在的,因为只要是复合的东西都可能被分解,所以这些对象都是简单的(TLP 2.02)。一个思想通过描述简单对象的某些可能的组合方式描述了一种可能情形:这些可能的组合方式就是事态(states of affairs)(TLP 2.0272)。思想描述事态的方式从本质上说是图画式的(TLP 2.1,3)。它由代表着构成事态的对象的名字组成(TLP 3.202),名字的意思就是它所指称的东西(TLP 3.203),名字的组合方式描绘了被命名的对象的可能组合方式(TLP 3.21)。

　　我们之前的问题是：在拿破仑从未存在过的可能情形中，我那个（假的）思想（即拿破仑于 1812 年征服了俄国）怎么能仍然是关于这种可能情形的思想呢？明显没有什么东西与这个思想相对应！维特根斯坦的回答是，这个思想其实不是关于拿破仑的，或者，如果你一定要说它是关于拿破仑的，那也只是因为它实际上是关于组成拿破仑的那些简单而不可毁灭的对象的。那些对象存在于所有可能情形当中，在某些情形中，正是它们特定的组合方式使得拿破仑不存在。所以，一定会有东西与我的思想对应，这便是我的思想在任何可能情形中要么为真要么为假的原因。

　　为了把这一论述应用到日常语言中，维特根斯坦提出：那些语言实际上隐藏了我们用它们来表达的思想的结构（TLP 4.002），它们以简单方式呈现的东西（"拿破仑"）实际上是非常复杂的对象。只有通过对日常语言进行分析，我们才有可能揭示思想的准确内容，完全分析过的句子的元素与思想的构成要素是完全对应的（TLP 3.2-3.201）。

　　比如，日常语言的句子包含一些简单的元素，那些元素似乎命名了复杂而可毁灭的东西。比如，"克丽欧佩特拉方尖碑"（Cleopatra's Needle）似乎命名了一个巨大而复杂的对象，那个东西说不定哪天就不存在了，而且在任何情况下都不可能存在。（注意"克丽欧佩特拉方尖碑"不是描述而是一个名称：它指称的对象不是一根针，也不是克丽欧佩特拉的。）所以，像"克丽欧佩特拉方尖碑是花岗岩做的"这样的句子并不与它表达的思想的结构一一对应。对它的完整分析会揭示出一个简单句，或一个简单句的复杂组合，其中简单而不可毁灭对象的名称以某种方式组合起来描绘了那些对象的一种可能组合形式。

　　为了说明这一点，举个例子："克丽欧佩特拉方尖碑是大理石做的"可能被处理成"$N_1 N_2 N_3 \cdots N_k G$"。这里的"$N_1$"$\cdots$"$N_k$"

是组成克丽欧佩特拉方尖碑的那些原子的名称，G 命名的是那些原子构成大理石时所处的关系，左边的原子名称加上右边一个共相（universal）的名称组成的这一串东西，表示这个共相适用于这些原子（参见 TLP 3.1432）。

对于那些最终要由分析来揭示的这类句子，这个例子比《逻辑哲学论》说得更明确。但是除此之外，它还说明了很重要的一点：日常语言中的名字在分析中被消除了，"克丽欧佩特拉方尖碑"在"$N_1 N_2 N_3 \cdots\cdots N_k G$"中完全没有出现。这让维特根斯坦可以在早期著作中主张：经过分析的句子的所有元素是恰好意指他们所指称（他在《逻辑哲学论》中称其为"名字"）对象的表达式。而日常语言或非分析的语言并非如此。因为只有后者包含"克丽欧佩特拉方尖碑"、"某某先生"这样的表达，也就是说，无论其指称对象存在与否都有某种意义的表达式。但是，在经过完全分析的语言中，像"$N_3$"或"G"这些元素则仅仅指称不可能不存在的东西。

我们应该关注维特根斯坦对早期观点提出的两点反对意见。首先，他质疑这种观点是否合理——世界是由绝对简单的对象构成的；其次，他否认一个日常语言的句子经过分析后的版本能把同样的意义表达得更清晰。我们依次来讨论这两点。

### 1.3.3 简单性

维特根斯坦说，谈绝对意义上的简单和复杂是毫无意义的：

> 一张椅子的简单构成要素是什么？——组成它的木头？或是分子、原子？——"简单"的意思是：不复杂。这里的关键是：在什么意义上"复杂"？绝对地说"椅子的简单部分"是没有意义的……可比如，一张棋盘难道不就明显而绝对地是复杂的吗？——你也许想的是它由 32 个黑色和白色的小方块组成。但是，我们不是也可以说它是由黑白两种颜色以及正

方形的图案组成的吗？而且,如果确实用很不一样的方式来看
的话,那么你还想说棋盘是绝对地"复杂"的吗？(PI 47a,d)

这些例子仅仅表明我们对复杂对象的组成部分没有一个清晰的概
念,而没有说明我们对简单和复杂完全没有概念。《逻辑哲学论》
时期的维特根斯坦可能会回应说,棋盘的多种可能分解方式仅仅
表明我们可以通过多种路径达到最后的分析,就像有人可以认为
词语终究是由单字(或字母)组成的,并且承认这样两种说法根本
不在选择之列:(a)"逻辑"是由"逻"和"辑"组成的;(b)"逻辑"是
由"辶"、"罗"、"车"和"咠"组成的。

27

　　但是,维特根斯坦可以怪自己在《逻辑哲学论》中未曾向一个
原本对绝对的简单性毫无概念的人去解释这一点。你现在可以提
议:我们把《逻辑哲学论》追求简单性的动机看作其特有的。说得
更细一点:一开始认为存在简单对象的理由是,宇宙必须由不可毁
灭的东西(即必然存在的事物)构成。那么,或许我们可以把《逻辑
哲学论》体系当中的"简单"理解成"不可毁灭"？

　　这样可以让"简单"的意思更明确,但是断定一个东西到底是
不是简单的仍然不明朗。很难看出来一个殊相(particular)如何是
不可毁灭的:因为很容易想象一个殊相不存在,所以有理由反对它
必然存在。那么共相呢？

　　"(对话者说道)某个红色的东西是可以被毁灭的,但是红
不能被毁灭,而且这就是为什么'红'这个词所代表的东西与
红色物体的存在是相互独立的。"——确实,说"红"这种颜色
被撕毁或撞烂是莫名其妙的。但是,我们不是也说"这片红色
正在消失"吗？不要纠结于这个想法:即便没有任何红的东
西,我们也总是能在心目中想象红。那只不过相当于你说:总
是存在着能产生红色火焰的化学反应——设想你完全记不得
那种颜色呢？(PI 57)

我们并不是很清楚,说"红"存在是什么意思,如果它并不是指有红色的东西存在的话。那么,从什么意义上可以说共相是不可毁灭的呢?

但是如此一来,一开始让我们把简单和不可毁灭联系到一起的思考在哪里出了错呢? 回想起来:为了让我们的思想在所有的可能情形中都为真或为假,就必须有某个在所有可能情形中都存在的东西,以作为思想所关于的对象。维特根斯坦在下面这个段落讨论到这条思路:

> "(对话者说道)语言中的名字所指的东西一定是不可毁灭的,因为所有可毁灭的东西都毁灭了这个事态肯定是可以描述的。而这一描述包含词语,与那些词语所对应的东西是不能被毁灭的,否则那些词语就没有意义。"我不能把自己坐着的这条树枝锯掉。
>
> 当然,有人会马上否认这个描述本身可以幸免于毁灭。
>
> (PI 55)

这个直接的反驳包含了原来的思路所存在的一个严重问题。那就是原来的思路假设了这样一点:为了让一个实际的思想或描述有意义地说出反事实情形的事,反事实情形中就必须存在某个东西,以便让这个思想或描述是有意义的。可是这一假设不成立。当我们判断一个关于非现实情境的描述是否为真时,我们只需要那个描述有意义就行了,我们不需要在非现实情境成立时才让这个描述有意义,正如(维特根斯坦曾讽刺性的暗示)我们当然可以描绘那个描述不存在的情形。

还有另一条思路:语言的前提条件在某种意义上是必然的。假设为了让某些代表颜色的词语有意义,某些有颜色的东西就必须存在。假设"乌贼墨"这个词的意义依赖于那种颜色不可复制的某个标准色样,我们就用它来比对从而评判某个候选对象是否是这种颜色。这可能是因为在没有辅助的眼睛看来,乌贼墨的东西和其他相近颜色的东西在颜色上难以区分,所以在某种意义上,"有一种乌贼墨的色样"不可能为假:因为它如果为假,那么它包含的"乌贼墨"这个词语就没有意义,这样的话,那个"句子"终究也没有为假而只是没有意义。类似的,也许有人之所以认为我们的语言要有意义而必须依赖的那些对象是不可毁灭的,仅仅是因为断定它们不存在的语句如果为真的话就没有意义了。

但是,说"存在乌贼墨的色样"如果有意义则为真,当然不等于说那个乌贼墨的色样必然存在。那说的只是关于陈述所用的那种语言的前提假设:

> 我们可以这样说:这个色样是语言用来归属颜色所使用的一个工具。在这个语言游戏中,它并不是被表象的东西,而只是一种表象的手段……它好像必须存在这件事,属于语言的一部分。这是我们语言游戏的一个范式,是作比较所用的工具。这可能是一个重要的见解,但同样也是关于我们语言游戏——我们表象的方法——的见解。(PI 50)

关于《逻辑哲学论》中所提到的那些对象也可以这样说。

### 1.3.4 分析

在《哲学研究》第60—64节中,维特根斯坦论述道:首先,《逻辑哲学论》设想的分析所得到的结果是否真的与它操作的对象具有同样的意义并不清楚;其次,它并没有更明显地揭示出意义。

顺着第一点,他开始只否认了:分析能让你早已有之却未加分析的语句所表达的思想更清晰。

> 当我说"我的扫帚在那个角落里"时,这真的只是一个关于扫帚把和扫帚头的描述吗? 它当然可以被替换成一个给出

了那根棍子和那个头的位置的描述……这样的话,如果有人说扫帚在角落里,他实际的意思是:扫帚把在那里,扫帚头也一样,而且扫帚把固定在扫帚头里面吗?——如果我们要问他是不是这个意思,他可能会说他并没有专门想到扫帚把或扫帚头。这个回答应该是对的,因为他没想专门说扫帚把或扫帚头。(PI 60)

这样的回答会让人回应说,即便你没有"专门想"到扫帚头或扫帚把,它们仍然在某种意义上隐含在你的意思中。比较一下:如果我命令某人数到 1 000,我很可能不会"专门"想到从 625 到 626 那一步,但是,如果他从 625 直接跳到 627,那就可以说他背离了我从始至终都想要他做的事情(见 PI 187)。我们将在后面回到这一点(见 3.3)。

维特根斯坦继续讨论"给我那把扫帚"这个命令。他引入(a)和(b)来指不同的语言游戏,其中(a)整个工具(比如扫帚),或者(b)它们的部分(比如扫帚头)都在命令中有各自的名字。这样,(a)可能包含"给我那把扫帚"的命令;(b)可能包含"给我那个扫帚把和它插着的那个扫帚头"。现在,(b)中"经过分析"的命令和(a)中"未经分析"的命令有同样的意义吗? 在维特根斯坦让我们想象的这样一种情况中,这一点并不清晰:

假设接受命令的人必须查看名字和图片对应的表才能拿到需要的工具。那么,他执行(a)中的命令和执行相应的(b)中的命令时所做的事情是一样的吗?——是,也不是。(PI 62)

可能是,因为他两次拿来的东西都是一样的;可能不是,因为执行命令之前所做的行动是不一样的。

这一点(他所做的是否一样)与讨论的问题(两个命令是否一样)的关联之处依赖于:比《哲学研究》第 43 节中将意义与用法等

同起来的处理(在 1.2 中讨论过)还要更进一步。他在《哲学研究》第 43 节中说,词语的意义在很多情形中就是它在语言中的用法,他现在隐含地假设了语句的意义也是其在语言中的用法,其中,命令的"用法"包含了当有人遵守这个命令时所做的事情。

《逻辑哲学论》的辩护者不必承认这个假设或者认为它能被应用到关于分析的问题上。他可以主张:命令句、问句和陈述句从来就不是《逻辑哲学论》中的分析要处理的对象。分析本来要处理的是它们共同的内涵(sense)。比如我们来考虑"恺撒渡过了卢比肯河"和"恺撒渡过卢比肯河了吗?",它们当然有些共同之处,但也有不同之处。它们的共同之处是其内涵,即那个"假设"(PI 22)或成真条件——恺撒渡过卢比肯河;而不同之处则是,那个问句是问这个成真条件是否成立,而那个陈述句则是说它成立。同理,我们可以说一个命令句与问句、陈述句都有相同之处:比如"把门关上!"、"门关上了没?"和"门关上了。"三句话,第一句话的遵守条件、第二句话的确认条件和第三句话的成真条件是一样的。

《逻辑哲学论》的辩护者会继续下去,而我一直关心的是:如果可能情形中根本没有什么会成为与这些句子相关的对象,思想如何还能是关于可能情形的。这个问题不只与陈述句相关,对于问句和命令句也同样会有。但是,如果我们说拿破仑于 1812 年征服了俄国这个思想实际上是关于不可毁灭对象的,那么"拿破仑于 1812 年征服俄国了吗?"和"拿破仑于 1812 年征服了俄国"也一定都是关于同样的不可毁灭对象的,因为前者问的正是后者所断定的东西。所以,我一直以来想要分析的其实是我们思想的内涵。

而这样一来,辩护者会得出结论:你不能因为经过分析的命令和未经分析的命令有不同的用法而批评我。因为这并不表明经过分析的内涵和未经分析的内涵不一样。两者唯一体现的区别在于(a)中的命令和(b)中的命令有不同的遵守条件。

而正如我们看到的,这两者是极其相像的:把扫帚递给某人和把扫帚头上固定的扫帚把递给他。《哲学研究》第 22 节对此有个简短而不尽如人意的回应,维特根斯坦在那里反驳了"每个断定都假设了它所断定的内容"这个想法。他反驳道,这个想法产生于假设与论断的其他部分相分离的可能性。那样的话,"恺撒渡过了卢比肯河"可以改写成"这件事被断定了:恺撒渡过了卢比肯河",其中"恺撒渡过了卢比肯河"是那个断定的假设或内涵。但是,他还说,如果是改写的可能性使得这个想法成为可能,那么这种可能性就是不好的:

> 我们也可能把每个陈述句改成问句并带上一句"是的"。比如,"下雨了吗?是的!"这是否可以表明每个陈述句都包含一个问题呢?

答案当然是否定的。

但是,"改写的可能性"一开始就不是非得要催生这种想法。句子的内涵和形成其用法的其他因素相分离,这才是得到那种用法的系统性解释的明显前提吧?我知道怎么说和写一种语言就包含了我知道怎么使用"恺撒渡过了卢比肯河"这个陈述句和"恺撒渡过卢比肯河了吗?"这个问句。这两种能力的最佳解释需要诉诸它们共同的那些东西(即我知道它们的内涵),这是很有可能的或者至少是一个很好的工作假设吧?我们很快就要讨论,维特根斯坦认为哲学不该试图去解释什么(见 2.3),除了这个比较泛的立场之外,我们很难看出他在这个基本点上反对《逻辑哲学论》到底是出于什么动机。

针对分析提出的另一条反驳思路出现在《哲学研究》第 63—64 节中,他在那里提了这样一个问题:在将思想的各组成部分分离的时候,是否有什么关键的东西是思想不可能丢掉的。他举例说,有人不知道一些上色的图形叫什么(像《哲学研究》第 48 节所描述的那样），但是知道某些组合的名称。这样，比如说，一半红一半绿的矩形（即一个红色正方形旁边加一个绿色正方形）叫"U"，而一半绿一半白的叫"V"。他拿这个语言游戏和另一个（《哲学研究》第48节的那个）相比较，"U"可以被翻译成后者的"RG"，其中"R"表示红色正方形，而"G"表示绿色正方形。

也许在这个翻译的过程中，说话者的语言使用单独的"U"和"V"所描述的经验具有统一性，而翻译之后这种统一性便丧失了。因为见到一个红色正方形紧靠在一个绿色正方形旁边的纯粹经验和看到一个"又红又绿的"矩形的格式塔经验（gestalt experience）是不一样的。而设想将"U"翻译成"RG"则把这一区别给抹掉了。我们也有类似的经验："考虑一下当我们说'这种颜色（比如法国国旗的蓝白红三色）排列别具特色'"（PI 64）。又或者说，当我们听音乐时，我们经常听到和弦是多个音符的统一：这与同时听到两个东西大不一样，比如在音乐会上听到别人的手机铃声响起。但是，为什么分析就不能捕捉这种统一性呢？比如，为什么不能把"U"记录的格式塔经验分析成"R ∗ G"呢？——这里的"∗"只是一个约定的记号，用来表示那些仍能被看作经验的现象学元素的统一。

对于这种反驳，维特根斯坦的另一个例子似乎更加切题：

> 我可以想象一个人说他看到了一个又红又黄的星形，却没有看到黄色的东西——因为他看到的星形，可以说，是由不可分割的各种有色彩的部分结合而成。（RFM VII-65）

所以，"又红又黄的星形"的经验经过分析（见《关于数学基础的评论》中的阐释），可能在他的语言中会表示成TS，其中"S"表示星形而"T"表示复杂的"又红又黄"的色彩经验。现在看来，将他的经验描述翻译成"RYS"或者"R ∗ YS"并不成立，因为那样就会让"黄色"早已是经验的一部分，但是他可能在仔细审视下注意到黄色这一事实并不一定意味着那一直都是他经验的一部分（见 PI

171b）。但是《逻辑哲学论》的作者可能会回应说，那只说明分析可以揭示思想中未被注意到的特征——而且我们已经看到（联系"扫帚"的例子）我们可以怎样进一步为此辩护。

34　　　　最后，值得注意的是：维特根斯坦在《逻辑哲学论》之前的《笔记》中，简单地考虑过一个分析的概念。相比于《逻辑哲学论》，他当时更加重视《哲学研究》第63—64节提出的问题。他在1915年6月18日写道：

> 在我看来，完全有可能我们视野中的色块都是简单对象，因为我们从未分别感知到色块单个的点，星星的视觉表象好像也确实如此。我的意思是：比如，如果我说这块手表不在抽屉里，那么我当然不一定能**逻辑地推出**手表里的一个齿轮不在抽屉里，因为也许我完全不知道那个齿轮是手表里面的，因而我不可能在说"这块手表"时想到的是一个里面有那个齿轮的复杂对象。而且除此之外，我肯定没有看到自己理论视野的全部。谁知道我是不是看到了无穷多个点呢？（NB 64-5）

这个时期前后的笔记让我们看到了很不一样的景象："简单对象"超出了分析的范围，而不是像你能从《逻辑哲学论》中得到的那样。根据前者，要区分代表简单对象的词语和代表复杂对象的词语，就要看它们在语言中的作用，而不是它们所指称的对象的形而上学复杂性或复合型（如《哲学研究》第50节提出的那样）。所以，如果苏格拉底的复杂性与我们在语言中如何使用"苏格拉底"（比如涉及"苏格拉底"的推理）无关，那么"苏格拉底"这个词就可以说在这个语言中指称了简单对象；而如果我们将其替换成"分析"——比如，那个由"苏格拉底的头固定在苏格拉底身体上而构成的复杂对象"——我们说的就不再是同一种语言，就像《哲学研究》第64b节所说的那样。非常引人注意的是，维特根斯坦对《逻辑哲学论》的简单性和分析概念的批评似乎倾向于或至少允许回到曾经有过的观点。[6]

## 1.4 "句子是名称的组合"

关于奥古斯丁的图画，我要讨论的最后一个元素是这个想法：句子是其他语言表达的组合。在《哲学研究》第 1 节引用的《忏悔录》段落中这并不明显，但是维特根斯坦的注解写道：

> 这些词语，在我看来，给我们描绘了一幅人类语言本质的特殊图画。那就是：语言中的词语是命名对象的——而句子是这些名称的组合。（PI 1）

我们已经找到理由从三个方面来质疑所有的词语都是名称这一点，所以我们有理由来质疑所有的句子都是名称的组合。但是，我们能不能说，一般情况下句子就是各种各样的词语的组合？对于直接指称论，我们要先考虑将其应用到日常语言，然后是日常语言的句子背后的思想，而《逻辑哲学论》的分析正是要揭示思想的结构。

很清楚，有很多日常的句子根本不是表达式的组合，而仅仅包含单个词语。《哲学研究》第 2 节中那种想象的语言（这里被设想为完整的语言），所有的句子都只有一个词：它的句子只有"石柱！"、"石板！"等。尽管大量的英语句子都是组合，但还有很多不是。"只要想想感叹句……水！滚！嗷！救命！好！不！"（PI 27）。

可是，这些句子所表达的思想呢，它们也一定是复合的吗？在《逻辑哲学论》中，他曾这样想：思想是有内涵的命题（TLP 4），而一个命题只能有一个内涵，它描绘着一种可能情形（TLP 3），而且：

> 一个命题只有按照逻辑分解，才能是一种可能情形的

---

6  有关《笔记》材料的进一步讨论，请见 Sullivan 2003。

图画。

（即使是"Ambulo"［拉丁语，我在旅游］这个命题，也是复合的：因为它的词干加上另一个词尾就会产生不同的内涵，同一个词尾换一个词干也会得到不同的内涵。）(TLP 4.032)

在这个小节里，我们可以避开进一步讨论这样两点。我们可以从他对"Ambulo"的评论中得到，一个命题是复合的，即，是由其他语言表达式组合而成的，那它就要和其他命题具有共同的语义意义——维特根斯坦还将命题的每个"部件"都展示成"包含"它的命题所组成的集合(TLP 3.31-3.318；见 TLP 5.5261b)。我们可以连同图画理论一起从《逻辑哲学论》第 4.032a 节带走的东西是，这种组合是句子有意义的一个必要条件。

那么，《哲学研究》第 2 节的语言又如何呢？它的任何一个句子都不与其他任何句子有共同的语义意义，比如"石柱！"和"石板！"没有这种共同的东西。[7] 从《逻辑哲学论》的观点来看，这一定属于日常语言隐蔽了它要表达的思想的结构那种情况(TLP 4.002d)。这样，"石柱！"和"石板！"这两个句子表达的思想其实有着共同的元素，比如，我想让你把石柱递给我，而且我想让你把石板递给我。

维特根斯坦在《哲学研究》第 19—21 节讨论的内容将这两点都讲到了。对于第一点，他部分地与早期观点保持一致。他认为，说一个句子是复合的或简单的并不表达话语本身的局部特征，而是表达其所属的语言的特征。比如，如果只看"Bring me a slab"（递一块石板给我）这一句话，你无法分辨它是说了一个长单词

---

7　的确，在书面版本的语言中，他们有相同的字母"a"，但是通过（比如）"Ambulo"中的结尾"o"这样的方式并没有语义意义。在《逻辑哲学论》中，我们对符号的有意义地使用使它们从语义上的惰性变成了语言的语义上的重要元素——他在那里称为"符号"。见 TLP 3.262, 3.326-3.328。

(Bringmeaslab）还是说了四个短单词（"Bring"、"me"、"a"、"slab"），相反，你必须要看英语其他的表达资源（expressive resources）。

> 我想我们会倾向于说：当我们说"Bring me a slab"而不是"Hand me a slab"（拿一块石板给我）、"Bring him a slab"（给他一块石板）、"Bring two slabs"（递两块石板）等句子时，即与那些由我们原来命令中若干词语组合而成的句子相比，我们的意思是想用四个单词来说。（PI 20）

但是，这种一致不是关于复合性或者其意义的不同方面，而是关于"Bring me a slab"这个句子用来表达的意思是复合的还是简单的或是像单个词语那样。维特根斯坦在这里所说的也能作为一个标准，用来衡量（比如）本身毫无意义的一种声音在组合中是否构成和弦或者仍是单个音符——要回答这个问题，我们也许只要问问它的元素是否在同类音乐的其他组合中出现过就行了。维特根斯坦并没有给出标准来判定"递一块石板给我"或者《哲学研究》第2节中的"石板！"背后的思想本身是简单的还是复合的。所以，他在这里并不是同意《逻辑哲学论》说这些思想一定是复合的。

值得注意的是，在阐释关于句子的复合性的观点时，他抨击了一种错误的理解。那种理解在《逻辑哲学论》中是完全没错的，但是由于与《逻辑哲学论》其他观点相似，所以它在这里也值得讨论一下。我心里想的那种看法是这样的：使用"与其他句子相比较而言"这个（复合）句其实是把外在的言说行为和不可观察的心理过程联系到一起。通过努力地澄清，维特根斯坦有力地批评了这种看法。只要一个人努力弄清楚他在陈述某事时到底伴随着什么东西，他就会发现其实根本没有伴随的心理过程发生：

> 一个人相比于其他句子而言在使用某个句子，这到底意

味着什么？也许其他的句子在他脑海里徘徊？所有的吗？是他正在说那个句子时，还是在那之前，或者之后呢？——不。即便这样的解释对我们很有吸引力，我们也只需要思考一下实际上到底发生了什么，就可以看到我们在这里已误入歧途。（PI 20）

说你意指一个句子是复合的，并不是描述某个伴随着言说行为的内在过程，而是将那个句子与你当时使用的那种语言中的其他句子作比较。维特根斯坦在这里所批评的错误并没有在《逻辑哲学论》中出现，但是与那个错误基调一致的其他形式确实在那里出现了。那个基调就是：意义、理解、倾向、关注、思考等都是伴随其对应语言表达的心理过程。维特根斯坦对这一观点的不同形式的批评，像一条红线一样贯穿了《哲学研究》。

《逻辑哲学论》中确实出现过一种表现形式，它使得对 4.023a 的理解与《哲学研究》第 2 节中建造工人的语言相容。请记住，说那种语言的人不可能在说"石板！"时意指复合的思想，至少根据我们在《哲学研究》第 20 节看到的标准来说这是不可能的。因为"石板！"与"石柱！"或这个语言里任何别的句子有共同的东西。但是根据《逻辑哲学论》，建造工人 A 在说"石板！"时还意指了复杂的东西。也就是说，A 说"石板！"和"石柱！"时意指的内容经过清晰明了的表述，就能展现共同之处，比如，"我想让你给我递一块石板"和"我想让你给我递一根石柱"之间的共同点。

> 但是，你是怎么做到这一点的：在你说"石板！"的时候，你是怎么表达那个意思的？你对自己说了一个没省略的句子吗？而且，为什么我不能把"石板！"翻译成另一种表达，以便说出别人在说这句话时想要表达的意思？如果二者意义相同——我为什么不说："当他说'石板！'的时候，他的意思就是'石板！'"（而要翻译成别的表达）？……——但是当我说"石

板!"的时候,那时我想要他给我递一块石板! ——确实如此,但是"想要这个"是不是包含了通过某种形式或者与你所说的句子不同的其他句子来思考呢?(PI 19)

这个错误和《哲学研究》第20节抨击的那个不一样,但是批评的形式仍然不变:如果我们看看实际上发生的事情,我们其实并不知道说出这个单词句时所伴随的任何有意义的复合行为。那么,为什么还要说你实际上表达的意思是复合的呢?

一个原因可能是,我们渴望解释《逻辑哲学论》在 4.02- 4.027 中所强调的东西:命题可以传达新的东西这一事实。更确切地说,除非我们假定理解一个命题意味着把握了某种复合的东西,因而也就把握了那些命题的元素的排布可以表达什么,那么我们怎么能解释理解某些特定命题的能力会唤醒理解一整套其他命题的能力?

我们可以简单地把《哲学研究》第2节中建造工人的语言展开以便说明这一点。设想 A 想要 B 递一块石板给他,A 会用这种新语言低声地喊"石板!"(或"石柱!",或……),而如果他想要的是除石板以外的其他任何东西,他就会高亢地喊"石板!"让我们用"石板+"表示前面那个低声调的言说类型,而用"石板-"表示后面那个高声调的言说类型。如果用《哲学研究》中的叙述方式来讲,我们可以说那个建造工人的助手要理解命令,他就得正确地做出回应。所以,在逻辑上完全有可能有人理解"石板-"而不理解"石板+",或者两者都理解却不理解"石柱-"和"石柱+"。而且这样的理解可以通过明确地训练表达的用法(比如,能够正确地做出回应)来传授,或者让建造工人的助手看别人怎么做来学习。

现在,设想我们发现:只要建造工人的助手以某种方式理解了"石柱+"和"石板-",他也就同时把握了"石柱-"和"石板+",而且不需要进一步指导。这一现象亟待解释:它也是"我们不需要别人向我们解释就能理解命题符号的内涵这个事实"的一个简单例子（TLP 4.02）。最显而易见的解释难道不就是这样的吗：建造工人的助手分别掌握了（a）"石柱"和"石板"以及（b）它们的音调，而且通过重新组合这些原则，他对"石柱＋"和"石板－"的掌握让他也掌握了"石柱－"和"石板＋"。

那样的话，我们应该有理由解释：助手的思想要诉诸某个复杂的东西来解释他行为中的某些规律性。那个复杂的东西不一定是《哲学研究》第 19 节和第 20 节所抨击的任何一种有意识的或内省的心理过程。相反，我们需要的思想概念是一个理论概念，我们接受它仅仅是因为它所解释的行为方面的素材。我并不是说人类就是这样的，而是说它是不是这样属于经验问题，并且至少有初步的理由认为，那些我的阐释中所表明的在程度和方向上超越了《哲学研究》第 2 节的语言就是这样。

在本节最后，让我就将直指和功能统一性联系到一起的主题说上几句：某些伴随着其视觉或听觉的语言表达的心理或意向性事件就是内在过程。我们目前已经看到它能被应用到四种现象上：（a）语言表达式的有意义的用法（1.1）；（b）关注某物的颜色（而不是其形状）（1.2）；（c）用一个句子表达复合的而非简单的意思（1.4）；（d）说一个简单句时，实际上想表达的是复合的意思（1.4）。
40 维特根斯坦在下面对直指讨论的总结中，分析了这种吸引力的一个来源：

> 我们像在一系列类似情形中所做的那样：因为我们不能明确指出任何一个我们称之为指向形状（相对于指向颜色）的身体动作，我们说有一个精神的（geistige：心理的、智性的）活动与这些词语相对应。
>
> 凡是我们的语言暗示有一个实体存在而又没有的地方：我们就想说，有一个精神存在。（PI 36）

正确理解这句话需要理解维特根斯坦的家族相似理论——我们接下来就来讨论。

## 第 2 节 家族相似与理想的准确性

### 2.1 家族相似

回顾我们在 1.3.4 节对《哲学研究》第 60—64 节的讨论。维特根斯坦想要质疑两对语言游戏的同一性，或者每对游戏的两种玩法的同一性。第一对游戏分别由（a）"未经分析的"和（b）"经过分析的"命令语言所组成，其中一个人要按照命令把名字和图片关联起来（PI 62）。第二对游戏包含了（c）《哲学研究》第 48 节描述的"经过分析的"语言游戏，即我们用"R"和"G"这样的字母来表示我们看到的着色的正方形和（d）"未经分析的"语言游戏，其中原子表达式如"U"和"V"用来表示显然是组合在一起的一对矩形，比如"U"代表一个红色正方形和绿色正方形并列在一起的矩形。直观的想法或者至少是《逻辑哲学论》的观点是，（a）和（d）中所表达的同样的意义在（b）和（c）中得到更加显明的表达。而我们也在《哲学研究》中看到维特根斯坦想要反对这一点的一些理由。

我们简略地提到了他在《逻辑哲学论》中坚决主张这一观点的理由。那个理由基本上是关于语言（即，其命题）本质的一种明确观念。命题的本质就是它描述了事物是什么样的。

现在似乎可以给出最一般的命题形式了，那就是，通过这样的方式来描述任何符号语言的命题，使得每种可能的内涵都可以用一个满足这种描述的符号来表达，并且每个满足这种描述的符号可以表达一个内涵，前提是名称的意义选择得当。

　　显然，只有对最一般的命题形式最关键的东西才能出现在这种描述中——因为不然的话，它就不是最一般的形式了……

　　命题的最一般形式就是：事情是如此这般的。（TLP 4.5）

说事物是某种样子的就是在事物可以处的诸多方式中选出一种可能形式。这样，如果两个命题挑选出事物可以存在的可能方式是一样的，那么它们说的就是同样的东西。也就是说：只要两个命题 p 和 q 在同样的情形中同时为真而且在同样的情形中同时为假（由 TLP 4.4 可以得出），那么它们就具有同样的意义。我们可以直接将此延伸至前面已经说过的命令句（1.3.4）：两个命令 $O_1$ 和 $O_2$ 表达了同样的内涵，只要它们会在同样的情形中被遵守且在同样的情形中被违反。根据这种语言本质的论述就可以得出关于 (a)—(d) 的一个直接结论。(a) 中的命令与 (b) 中对应的命令具有同样的意义，因为它们具有同样的遵守条件；(d) 中的"U"和 (c) 中的"RG"具有同样的意义，因为它们具有同样的成真条件。

　　清楚了这一点之后，我们就可以问《哲学研究》是否提出了能够支持 (a)—(d) 的结论的关于语言本质的不同解释。维特根斯坦借一个假想的批评者之口表达了提出这种新解释的要求：

　　你是闪烁其词，避重就轻！你谈论了各种各样的语言游戏，但是根本没有说语言游戏以及语言的本质是什么：这些活动都有什么共同点，什么使得它们成为语言或语言的部分。所以，你躲开了曾经让你头疼的探究命题和语言的一般形式的难题。（PI 65）

在《哲学研究》第 65b 节中，维特根斯坦承认这一评论是公正的，接下来他便展开阐述了为什么这样的解释是不可能成立的，与他在《逻辑哲学论》中的观点完全相反。

虽然语言的充分必要条件似乎一定是可以被提出来的,否则,如何解释我们在那么多场合中能使用"语言"这个词?这个问题一直萦绕在《哲学研究》第65节前后的讨论的背景中,它成为一个非常重要的主题。那就是这个想法:理解一个语言表达就是处在某种心理状态,或者在某人的内心中出现某种心理事项,指导着人们使用那个语言表达。接下来,维特根斯坦从多个角度论说,事实比这要复杂得多。首先,人们使用某个语言表达根本不需要任何内在指导;其次,即便确实出现了内在指导的情况,但仍有很多种方式可以指导人们的语言使用。我会回头来讨论第二点(3.1.1),我们这里先考虑第一点的一个例子,因为它与前面的讨论有着直接联系。

维特根斯坦主张的是,不一定非得要这样:我们在很多种情况中能使用一个词语是因为那些情形都满足了同一个充分必要条件。为了证明这一点,他考虑了"游戏"这个词:

> 考虑一下被我们称为"游戏"的活动。我说的是棋类游戏、纸牌游戏、球类游戏、奥林匹克赛事游戏等。它们有什么共同点?——不要说"它们一定有什么共同之处,不然它们就不会都叫'游戏'了",而是要仔细看看它们是不是真的有什么共同点。——因为如果你仔细看的话,根本找不到有什么共同点,而只有相似点、亲缘关系和一系列的相似点和相近关系。再说一次:不要空想,而是要看!——看看,比如说,棋类游戏之间纷繁复杂的亲缘关系。现在转到纸牌游戏,你会发现它们与第一类存在很多对应关系,但是很多共同特征都没有了,不过又出现了许多新的共同特征。当我们接下来转向球类运动时,很多共同特征保留了下来,但是也有很多没有了。——它们都是"娱乐"?比较一下国际象棋和井字棋吧。

(Etc. PI 66)

这个例子非常有说服力。即便有人独出心裁,能够找到使之成为游戏的有实质内容的充分必要条件,那也不是我们在使用"游戏"
这个词的场景中为什么使用它的原因。相反,维特根斯坦这里给
出的解释是:我们对某些特定的活动使用"游戏"这个表达,是因为
它们跟我们已经称为"游戏"的活动有相似性——或者其他的某种
亲缘关系。针对很多词语的使用,我们都可以给出类似的解释。[8]
维特根斯坦称这些亲缘关系为家族相似,而且处于这种关系的事
43  物共同组成一个家族(PI 67a)。我接下来也会把那些与"游戏"在
这个方面有相似之处的概念称为家族相似概念。

可是,如果我不知道使某个东西成为游戏的充分必要条件,那
么我怎么能向别人解释什么是游戏呢?——比如,一个小孩听到
他哥哥说"我们来玩游戏吧",他想知道"游戏"到底是什么意思;或
者一个母语是法语的人所学会的英语让他能够理解那个词的解
释,但是他仍然没有理解那个词本身。我们怎么处理这些情
形?——我们向学习者列举出很多游戏的例子,然后说:"这个东
西和类似的东西都叫'游戏'"(PI 69)。"类似"一词本身包含的模
糊性并不是指含混地表示了什么我准确地知道但是出于某种原因
却没办法说出来的东西(PI 71b):因为关于"游戏"的意义没有更
多可以知道的了。如果这样的解释能行得通的话,那么我的学生
现在使用"游戏"这个词的方式和我是一样的(允许我们之间存在
独立的意见分歧),我们为什么不能说我已经准确告诉他"游戏"
的意思了呢?[9]  我会在 2.2 节回来讨论模糊性的问题。

---

8  例如,请见《蓝皮书和褐皮书》(BB 145)中关于为什么我们称面部特征为"友
   好"的启发性讨论。
9  在这一点上,《哲学研究》第 78 节是令人费解的,因为它比较了"游戏"这个词
   和单簧管的发音,似乎表明这两者都是人们在不能够说出来的情况下就能够知
   道的。在"能够说"的标准上,这在文本中是有效的,但似乎是完全错误的——
   尽管很明显在这个标准上,人们只能说"游戏"这个词是如何被正确的观众使
   用的。见本书 3.4.3 节。

在"游戏"以外，维特根斯坦还把这一点应用到"语言"、"语言游戏"和"命题"：不需要有什么东西是所有语言或命题所共有的，因为不需要这样一个东西来解释我们使用这些词语的规律或模式。"大家都知道，我们称为'句子'和'语言'的东西并没有我（在《逻辑哲学论》中）想象的那种形式同一性，这些东西是在结构上相互之间或多或少有所关联的一个家族"（PI 108）。

但是，这一点与《逻辑哲学论》之间的区别有多分明？设想一下，维特根斯坦早期认为我们日常使用"语言"这个词就像使用"物质"一词那样是混乱的。他可能仍然认为他在《逻辑哲学论》中讨论的不是日常交谈的"语言"——很可能那根本不指任何东西——而是对应某种更加规整的后继概念（successor-concept），后者将最重要而特别的语言游戏挑出来：那种语言游戏描述了事物实际上是什么样的。人们确实可以认可《哲学研究》：并非所有的语言游戏都是必不可少的，它们从某个方面描述了事物是什么样的（见 PI 363），但是为什么这一点对语言游戏中一个非常重要而有趣的子集——这个子集包含了自然科学的语言——并不是必不可少的。如果我们就限定在这个子集范围内，为什么不能说根据那个适合它们的标准，(a)和(d)中语言游戏的句子意义分别在(b)和(c)的语言游戏中得到了更清楚的表达？可是这本来就是一开始促使维特根斯坦讨论家族相似的问题。所以，尽管我们好像接受了那个讨论的主要结论，但依然坚持着《逻辑哲学论》中本应该摒弃掉的观点。

当然，这并不是说《逻辑哲学论》已经正确地解释了某些有限的语言分支也可以做到它们表面上可以做到的事情。确实对它的细节还有很多严厉的批评。但是，这里说的是对家族相似的考虑没有破坏《逻辑哲学论》的计划，而只是对其范围进行了限制。

我最后回到第 1 章结尾的那一点。回想起维特根斯坦在《哲学研究》第 34 节中否认:(在直指定义的过程中)关注事物形状与关注其颜色的行为之间的区别在于(它们)伴随的经验。维特根斯坦那看似具有决定性的批评是这样的:就算这样的经验确实在说话者身上出现了,而且他会在以后继续把被定义的词当作表示颜色的词来使用,他可能一直关注的是颜色而不是形状。这一点是如此直截了当和令人信服,以至于它提出了这样一个问题:还会有其他可能吗? 那么,为什么伴随经验的观点乍看起来还是很有吸引力呢?

在《哲学研究》第 36 节中,维特根斯坦说:"我们像在一系列类似情形中所做的那样:因为我们不能明确指出任何一个我们称之为指向形状的身体动作……我们说有一个精神的活动与这些词语相对应。"《哲学研究》第 33 节已经强调了这样一个事实:我们找不到"任何一个身体动作"(回想一下某人可以专注于蓝色的各种方式,PI 33),但是让我们设想在所有这些行为性活动背后只有一种精神性活动的原因,正好是由于我们认为它们必须有一个共同之处。但是,现在我们看到它们并不需要:"关注形状"可能只是一个家族相似概念。也就是说,它可以正确地描述不同场景中的不同身体动作,而并不需要哪个精神活动在背后将它们统一起来。

我们已经发现人们倾向于在身体动作背后假定精神活动的四种情形,它们是:(a)语言表达式的有意义的用法;(b)关注某物的颜色(而不是其形状);(c)用一个句子表达复合的而非简单的意思;(d)说一个简单句时,实际上想表达的是复合的意思。并且我们看到了对家族相似的考虑如何解释(b)情形的倾向——或者说我们怎么没有考虑过家族相似能够对其进行解释。

我们不太清楚(d)情形中的倾向是否也能如此解释:那种情形背后其实是《逻辑哲学论》中要求复合性是有意义的充分必要条件。然后,这个解释在(a)和(c)中是说得通的。(a)的倾向是说,

《哲学研究》第 1 节中的店主表面上使用的"苹果"其实是冰山的一角:在各种用法的背后是一个解释它的心理比较行为(比如,跟一个想法作比较)。这样想的原因之一是,害怕如若不然他对"苹果"一词的不同使用便没有了统一的解释。但是,为什么应该只有一个解释呢? 在(c)情形中,我们有两种错觉:第一,我们认为"意指它是复合的"一定是他说话的时候正在进行着的事情(正是这里的"meaning it"[意指它]的动名词形式欺骗了我们),然后,当你把一个句子意指为四个词而非一个词时,并没有发生任何"身体动作"。第二种错觉是因为没能看到"意指它是复合的"可以形成一个家族。

## 2.2 模糊性

### 2.2.1 模糊性与家族相似

要介绍维特根斯坦理解的模糊性概念最好借助下面这段话,他似乎混淆了家族相似和模糊性:

46

> 我们怎么跟人解释游戏是什么呢? 我想我们要给他描述**各种游戏**,而且再加上一句:"这个东西和类似的东西都叫'游戏'。"我们自己有没有从中知道更多东西呢? 难道我们只是无法向别人确切地解释什么是游戏吗? ——但这并不是无知。我们不知道边界在哪里,因为从来没有划出过边界。再说一次,我们可以划出一条边界——出于特殊的目的。这就可以让游戏这个概念能用了吗? 根本不是! (除非为了特殊的目的。)(PI 69)

模糊概念就是其应用并不总能根据个人的把握而确定的概念:所以,比如,"蓝色"这个概念是模糊的,因为即便把握了它的人通常知道天是蓝色的而草不是,但还是有一些东西很难被判定到底是哪一类,虽然他已经知道了回答这个问题的所有相关知识(即他在好的光照条件下观察、眼睛功能正常等)。我们可以把后一类对象叫作"边界情形",所以存在或者可能存在边界情形可以被看作模糊概念的本质特征。在这个段落中,维特根斯坦似乎认为"游戏"是模糊的。("我们不知道边界在哪里,因为从来没有划出过边界。")

但是,我们应该区别家族相似和模糊性。家族相似既不是模糊性的充分条件也不是其必要条件。不充分是因为一个概念可能有家族相似的特征却不会有边界情形。拿维特根斯坦自己举出的数为例:

> 比如,各种数以(与游戏)同样的方式形成一个家族。我们为什么把一个东西叫作"数"?也许因为它和许多已经被称为数的东西有直接的亲缘关系吧,这可以说给了它同其他我们用这个名字称呼的东西一种间接的亲缘关系。(PI 67)

实际上,这些亲缘关系很不一样。整数能算作数是因为它们是自然数集合在减法运算下闭合所得;有理数能算作数是因为它们是整数集在除法运算(不含被零除)下闭合所得;实数能算作数是因为它们是有理数在任意有上界的有理数集所构成的上确界的运算下闭合所得;复数能算作数是因为它们是实数集在任意实系数多项式的根所构成的运算下闭合所得。但是,所有这些亲缘关系都有确定的外延,不存在像边界蓝色物体那样的"边界数"。所以数这个概念不是一个模糊概念。[10]

有人也许会想,我们可以将"游戏"的概念进行限定以去除任何"边界游戏",但是即便如此,其中仍然包含棋类游戏、纸牌游戏、

47

---

10　也见福格林(Fogelin 1987:133-4)的有益讨论。

奥林匹克赛事游戏等。这样的话,说游戏形成了一个家族是对的,而说"没有划出过边界"就不对了。尽管事实并非如此,但是这种可能性足以证实关于数的实际情况所表明的事情:家族相似不足以产生模糊性。

模糊性也不足以产生家族相似。"三色"的概念允许直接分析:我们姑且假定它适用于红白蓝三色的竖向条纹按照一定顺序排列的旗子。正是因为我们认为他们有这种排列方式,我们才将其应用于我们所说的旗子上。所以,"三色"并不是一个家族相似概念。此外,它又是模糊的,因为"红条纹"、"蓝条纹"明显都允许有边界情形:如果有任何概念是模糊的那么它们就是。所以,由模糊概念组合而成的概念,比如像"三色"这样的概念:很容易想象一种边界三色。因此,一个概念可以是模糊的但不是家族相似概念,而且一个概念可以是家族相似概念但不是模糊的。

### 2.2.2　模糊性与分析

但是,在这一点的讨论上模糊性和家族相似同样重要,尽管各自有不同的缘由。《哲学研究》第60—64节的讨论关注的是(a)-(d)(本节开头定义的)语言游戏。维特根斯坦和他的对话者之间讨论的全部问题关注的是这些语言游戏的同一性。更确切地说,那是关于(a)("把扫帚递给我")和(b)("把固定在扫帚头上的扫帚把递给我")之间的区别是否构成了它们意义之间的区别,以及(c)("RG")和(d)("U")中的句子用法上的区别是否构成了其意义上的区别。我们可以尝试以《逻辑哲学论》的方式解决这个问题:找到语言和命题的本质,然后将其应用到本例中。我们已经看到维特根斯坦拒绝了这一点,因为他认为语言游戏形成了一个家族。

但是比较(c)和(d)中语言游戏的目的原本是说明关于分析的

48

一个特殊点：

> 说（b）中的句子是（a）中某个句子"经过分析"的形式，很
> 容易诱使我们认为前者比后者更为基础；认为它本身就能表
> 明另一个句子的意义，如此等等。比如，我们认为：如果你只
> 有未经分析的形式，你就漏掉了分析；但是如果你知道了经过
> 分析的形式，你就得到了全部。——但是，我难道不能说：在
> 后者中所漏掉的前者的一个方面，在前者中不也会漏掉后者
> 的一个方面吗？（PI 63）

关于（c）和（d）的要点是，未经分析的（d）（"U"）记录了经验的某
些格式塔方面，而这在它被翻译成（c）（"RG"）之后却丢掉了。但
是在《哲学研究》第 63 节中有另一种方式来说明这一点，因为分析
中可能还有另一个方面被丢掉了，那就是未经分析的表达式具有
本质上的模糊性，而证明这一点正是维特根斯坦讨论模糊性想要
达到的目的之一。

在《逻辑哲学论》中，分析的过程应当得到由基本命题以真值
函数的形式构造的分析项（TLP 4.4）。比如，我们可能把 P（"那把
扫帚在角落里"）分析为 $O_1$ & $O_2$ & $O_3$，其中 $O_1$、$O_2$ 和 $O_3$ 是基本
命题（有可能是"那个扫帚把在角落里"、"那个扫帚头在角落里"、
"那个扫帚把被固定在那个扫帚头上"）。这个分析应该保留成真
条件，所以 P 为真，仅当（$O_1$ & $O_2$ & $O_3$）为真，也就是说，只有 $O_1$、
$O_2$、$O_3$ 都为真的情况下 P 才为真。现在基本命题被设想为最准确
的，因为基本命题是图画，而且

> 要构成图画，其元素之间就要以确定的方式相互关联
> ……图画的元素以确定的方式相互关联这一事实表明，事物
> 的元素是以确定的方式相互关联的。（TLP 2.14，2.15）

所以，每个可能世界都可以让一个基本命题确定地为真或为假。

因此,这也适用于基本命题的所有真值函数式的复合;如果《逻辑哲学论》中这个分析的计划设计严密的话,那么所有的命题都是这样。所以,如果那个计划设计严密的话,每个命题都会在那些使它为真的可能世界周围划出一条明确的边界:因此,使用语言也就是表达具有绝对准确性的思想。"一个命题有且仅有一个完全的分析。命题所表达的东西都是以确定的方式表达的"(TLP 3.25-3.251)。

但是,维特根斯坦想要证明模糊性对我们的语言是不可或缺的。不是说我们的语言中有模糊手段用来表达准确思想,而是说语言中包含表达模糊思想的模糊手段。要消除模糊性,就必须要丢掉你一直想表达的意思的某个方面。

在《哲学研究》第70—88节中,他用了各种模糊命令、模糊描述和模糊概念的例子来说明这一点。其中有一个描述是"摩西不存在"。维特根斯坦赞同罗素的观点:名称可以通过限定描述的方式,即形如"那个如此这般的东西"的表达式来定义。所以,我们可以把"摩西"用限定描述"那个带领以色列人穿过荒野的人",或者"那个生活在那时那地而且被叫作'摩西'的人",抑或任何其他的这种限定描述(PI 79a)。

每一个这样的描述都可以被视为对分析"摩西不存在"起到了作用,换句话说,它们有助于确定它在哪些可能情形中为真或为假。这样,维特根斯坦的第一个说明性定义会使"摩西不存在"只有在没人带领以色列人穿过荒野时才为真,即便有人把其他归之于摩西的所有行为都做了也不行。而他的第二个说明性定义会让"摩西不存在"只有在没有一个生活在那时那地的人叫"摩西"时才为真,即便有个叫"施摩西"(Schmoses)的人把人们归于摩西的所有行为都做了也不行(PI 79a)。

但是说出这种定义的这些结果足以说明它们是不能令人满意的,因为这些改写(或者与它们中任何一个同样确定的东西)没有一个能抓住我说"摩西不存在"的意思。所以，维特根斯坦给出了另一个定义："我也许会说：我理解的'摩西'是那个把《圣经》上关联给摩西的那些事情都做了，或不管怎样做了很大一部分的人"（PI 79b）。所以，根据这样的定义，我说"摩西不存在"的意思，大概是这样的："没有一个人，做了《圣经》关联给摩西的大部分事情。"这种说法能更好地解释我的意思。

但是，这样当然会让我的意思显得模糊，因为它没有回答"那样的事情到底有多少"这个问题。设想人们发现，比如，有一个人被法老的女儿从尼罗河救上来，并且召唤出泛滥成灾的青蛙降临埃及，而且他叫"摩西"，可是他或者任何别的一个人都没有带领以色列人穿过荒野或是从山上带下"十诫"等。那么，我说"摩西不存在"，到底是真是假？这里就出现了一种无法判定的情形，因为这种假定的情形不能确定其中叫"摩西"的那个人是否做了《圣经》关联给他的大部分事情。所以，我说"摩西不存在"所表达的意思并没有在所有的可能情形中划出一条明确的边界，把那些使其为真的可能情形圈出来。而且，任何想要划出那样一条边界的尝试又会扭曲我的意思。

> 如果有人要划出一条清晰的边界，我无法承认它就是我一直想要或者在心里已经划出的那条。因为我一点儿也不想划。这样一来，或许可以说他的概念和我的不一样，但是非常接近了。这种相近关系是属于两幅图画之间的，其中一幅由色块和模糊的轮廓构成，而另一幅则是由形状和布局相似的色块构成，不过后者有着清晰的轮廓。（PI 76）

这个漂亮的比喻适用于概念，但是这一点也可以被推广到命题。画布上的点代表了可能情形，而色块则代表了与那些使给定命题为真的可能情形相对应的点所组成的区域。关键是，如果那个命题是"摩西不存在"，那么你就没办法在这样的区域当中划出一条清晰的边界。

### 2.2.3 对维特根斯坦解释的反驳

但是有理由提出这样两种想法：(a) 这一定是错觉，因为一个人不可能有模糊的意思；或者 (b) 不管是不是错觉，这种说法都是很有害的，因为人们不应该有模糊的意思。维特根斯坦讨论过的支持 (a) 的理由有：(i) 如果某人表达了一个模糊的意思，那么他实际上并不知道自己是什么意思；(ii) 模糊的概念是无法被使用的；(iii) 我们关联到词语的心理样本消除了词语应用中的所有模糊性。支持 (b) 的理由有：确切总是比不确切更可取。接下来，让我们一一讨论。

(i) 我们应该将这种针对模糊性的反驳与听起来很像而且我们已经讨论过的针对家族相似的反驳区分开。后者是说：你虽然知道你说的 (比如)"游戏"是什么意思，但是出于某些原因你却说不出来。而我们现在的反驳是说：你并不知道自己所说的一个模糊概念要表达的意思。反对者说："如果'游戏'这个概念没有像那样得到限定的话，那么你并不真的知道你用'游戏'这个词想说什么意思。"维特根斯坦用一个反问回答了这个问题：

> 当我给出描述："地上长满了植物"时——难道你想说除非我给出植物的定义，否则我不知道自己在说什么吗？(PI 70)

仅凭这一点就非常确定了——显然，只要"知道某个人在说什么"是在与语言理解相关的意义上说的，那么他就知道自己在说什么——但是，这种反驳背后的动机还是值得说一下。

在可以避免含混的情形中，有一种让某人的意思更清楚的方法是：要求他明确他所说的东西在什么样的可能情形中为真。比如，如果车祸的目击者在法庭上说"我开得比平时快一点"，那么一种合理的做法就是问他 60 迈对他来说算不算"比平时快一点"，如

52

果不是的话,那么 70 迈算不算,等等。这实际上是让他比一开始更准确地说出自己本来的想法,而方法就是明确某些可能情形——比如,他开 60 迈的情形,或者他开 70 迈的情形——是否让他所说的话("我开得比平时快一点")为真。如果他对足够多的这类问题的回答是前后一致的,那么我们可以很自然地说这些问题澄清了他用"比平时快一点"本来想表达的意思。

可如果这就是我们用来确定某个人真正的意思的方法,那么我们也可以很自然地认为,如果某人没法回答这些用来澄清意思的问题,那么他就不知道自己是什么意思。这种回应在某些情况下当然是合理的。设想,我说:"地上长满了植物。"你问我:"吊兰算植物吗?"、"天竺葵算植物吗?",等等。但是对于每个问题,我都没有回答是或否,而只是说"我不知道它们是不是植物,我只是想说地上真的满是植物。"如果对于足够多种类的植物(或其他生物)我都说不上来它们算不算"植物"(在我之前用它来表达的那个意义上),那么我就可以保险地断定:当我说地上满是"植物"的时候,我并不知道自己说的是什么意思。

然而,尽管一个足够松散的概念根本不是概念,但这也并不意味着为了表达任何意思,我就必须能够阻止所有可能的空隙出现(见 PI 99)。再想想车祸目击者的例子。律师问他:"到底多少才是你说的'比平时快一点'?60 迈算不算?"——算。"50 迈算不算?"——不算。"55 迈算不算?"——算。"那么,52.5 迈算不算你说的'比平时快一点'?"我们这里可以想见目击者说他不知道。但这并不是因为他不知道自己本来的意思,而是因为他要表达的意思并不比他已经说过的话更加准确。如果我们认为那是因为他不知道自己本来的意思,我们便会把日常对"不知道自己是什么意思"的标准限定得过于严格。而这样做的倾向就是《哲学研究》第70 节中对话者的反驳背后的动机。

(ii)维特根斯坦对第二种反驳的讨论同样简短而且也采取了 53
反问的形式。但是和上面一样,这也需要详细讨论。

> 弗雷格将概念比作地区,而且他说一个边界模糊的地区
> 完全不能叫作地区。这大概是说,它对我们来说完全没
> 用。——但是,说"大致站在那里"毫无意义吗?(PI 71)

这当然不是毫无意义的,这句话对我们来说当然有用。但是这并
未涉及那种认为模糊概念不可用的最佳理由。那种理由如下。

很多模糊概念的本质在于——因为那对我们使用模糊概念是
不可或缺的——它们所适用的是仅靠观察的基础来做出评判的理
想条件。简单地说:在理想的条件下(光照良好、视力良好等),我
可以只通过眼睛看,来判断某个东西是红的;我可以只通过眼睛
看,来判断你是不是大致站在那边;我可以只通过耳朵听,来判断
警报声是不是响亮;我可以只通过鼻子闻,来判断一朵玫瑰是不是
香;等等。如果通过这样的手段我都不能判断的话,那么就没有什
么别的办法来判定了。如果我对一本书的封面是"红的"或"不是
红的"犹豫不决,那么让我去看别的任何东西或者进行别的探究也
不可能让我做出判定。

有着上述特征的模糊概念也会有另一个特点:对于两个通过
观察无法区别的东西,人们不可能毫无矛盾地将这个概念应用到
其中一个(而非另外一个)上。例如,在理想条件下,两个可见却颜
色不可区分的球,我们不能说一个是红的却不承认另一个也是红
的。这样做的话就与"只通过看就能判定一个球是不是红色的"这
个条件矛盾了。因为无论我们看的是哪个球,眼睛看到的结果都
是一样的,如果眼睛看到一个是红的,那么看另一个也是红的。注
意,我不只是说人们不能在肯定一个球是红的的同时否定另一个
球是红的。我说得比这更强:他甚至不能在肯定一个球是红的的
同时对另一个不予判断。即便如此,那仍然会与"只通过看就能判

定一个球是不是红色的"这个条件相矛盾。

54　　　在有着这一特征的概念当中,有些还有这样的特征:存在一个有穷的对象序列,其中的第一个确定是这个概念的实例,最后一个肯定不是,而且序列中没有一个对象在是否适用这个概念的维度上与它的后继是通过观察可区分的。比如,我们可以想象一个染色小球的序列,其中第一个确定是红的,而最后一个明显是绿的。这些球是按照每个球表面的反射性质与前一个稍有不同来排列的——它们的区别小得不能被视为在颜色上有区别。所以,序列中相邻的小球在颜色上是不可区分的。让我们把这样一个序列叫作连锁序列(Sorites sequence)。

　　我们终于能看到,为什么满足这些条件的模糊概念以及很多包含它们的命题终究还是不可用的。麻烦在于,对于给定的连锁序列,我们很容易让一个有能力使用相应模糊概念的人自相矛盾。比如,承认序列中第一个球是红的的人会说第二个球也是红的。但是,如果他说第二个球是红的,他就得说第三个球也是红的……直到最后他会把一个看起来是绿色的球说成是红的!

　　或者考虑维特根斯坦自己的例子。如果你站在(即你的重心在其正上方)地球表面的某个点上可以算遵守了当我说"大致站在那里"时的意思,那么你站在那个点以北 1 纳米(1×10⁻⁹ 米)的地方也算。但是,经过漫长的推演可以证明,如果我指着伦敦的纳尔逊纪念碑底座周围一片区域,说"大致站在那里",那么你站到北极点上也算遵照了我的命令。同理也适用于伦理概念,至少它们也允许一系列连续的中间情形(维特根斯坦似乎在《哲学研究》第77a节是这样认为的):如果用你的小拇指摸别人的肘部完全没错,那么和她上床也是对的;如此等等。

　　　我们现在非常接近弗雷格曾有过的一个想法,那个想法
55　非常难以理解:模糊表达的用法从根本上说就是不融贯的。

如果没有反思这样的例子,人们可能会倾向于把弗雷格的想法看作偏见而丢到一边。(Dummett 1975b: 262)

简单地说,产生让模糊概念不可使用的矛盾是他们的过错。《哲学研究》对模糊性的讨论从未强调这一点。

然而,从他的其他著作中可以明显看出,维特根斯坦会这样回应紧逼他的人。他会说,从某些规则可能推出矛盾并不会让那些规则变得不可使用,只要实际上我们没有推出矛盾就可以了。

假定某个国家的法规中存在着矛盾。有一条规定说,在节日里副总统必须靠在总统旁边坐,而另一条说他必须坐在两位女士中间。如果他在节日里总是生病的话,这个矛盾就不会被人注意到。可万一有个节日里他没生病呢,我们该怎么办?我会说,"我们必须摆脱这个矛盾"。好吧,可是这会损害我们之前所做的事吗?完全不会。(LFM 210)

在现实中,没有人会遇到连锁序列,或者就算有人遇到的话,他也不会从它们使用这些模糊概念而得出什么实际的结论。所以,在现实生活中,模糊概念是完全可以被使用的,尽管将它们盲目而机械地应用到连锁序列对我们来说没有什么用。

这里有必要简单地说两点。第一,维特根斯坦关于法规的类比多少会产生误导,因为它给人这样一种印象:任何不一致的规则和公理的集合都不是不可使用的,只要我们没有真正推出矛盾就行了(见 LFM 220 中与图灵的对话)。但是,那种印象是错误的:如果一个语句集合是不一致的,那么你可以从中推出一个陈述及其否定,而不需要从一个明显的矛盾出发。但是这一点对目前的情形来说无关紧要:只要我们实际上没有把模糊概念应用到连锁序列或者无视这么做的结果,那么说这样的概念可以被使用就不会有任何问题。毕竟它们一直在被我们使用。

56　　　　第二,在温和的实用主义(我在这里这样定位维特根斯坦)之下,拒斥从不一致推出不可使用性的推理可能有着更深的原因。因为我们会发现,他似乎可以说盲目而机械地应用概念的使用规则并不是揭示深藏在它们背后的隐秘的办法。所以,特别的是从它们中推出矛盾并不能表明我的规则本来就有问题。"因为我想说'它不再是游戏了'——而不是'我们现在可以看出它原本就不是游戏'"(RFM III-77)。我会在3.4.2节回来讨论这个问题。

　　　　(iii)从视觉比喻的角度很容易理解把握一个概念是怎么回事。这一点在日常用语中很明显:比如,当你把握颜色概念"黄褐色"时,可以说你看到了它的所有实例的共同之处。按照字面接受这样的措辞并且认为当某人把握一个词语时他会亲知内省对象,也就稍微难一点。这样,为了判定一个词语是否适用,这个内在对象就会被拿来跟外在对象作比较:比如,对"黄褐色"来说,它适用于所有那些和某人"内心的色样"在颜色上相匹配的外在对象。但是,如果人们就是这样把握颜色相关的词语,那么它们怎么可能是模糊的呢? 毕竟,我在这里看到的这种颜色是否匹配我将其与"黄褐色"相关联的内在对象,并不是一件模糊的事情。

　　　　维特根斯坦随后会攻击内省的"内在对象"这个想法——认识到它构成了你对(比如说)一个颜色词语的把握(见PI 293,我会在4.1.3节讨论)。但是,他在这里用另一种方式做出了回应。他说,设想存在这样一个内在对象,想想它对那些容许有多种色度(shade)的颜色(比如蓝色或绿色)是怎样起作用的。这样的话,在内在色样和外在对象之间达成颜色上的匹配一般是没什么问题的:绿色要允许有多种色度变化,就是要有一系列在颜色上可分辨的对象来归属于绿色。所以,仅仅有一个绿色的内在色样对我来说并没有什么用。那并不能完全确定到底什么属于、什么不属于我理解的"绿色"。为此,我还得有使用"绿色"的规则,尤其是要有

57

规则说"绿色"适用于某物,当且仅当后者落入我的色样所包含的如此这般的颜色范围。

> 哪种色度是绿色"在我心中的色样"——所有绿色色度所共有的色样?
>
> "但是,难道就没有'一般性的'色样?比如,一种纯绿色的色样?"——确实可能存在。但是,要把一小块纯绿色看作所有略带绿色的颜色的样板,而不是纯绿色的样板,这反过来又取决于这些色样的使用方式。(PI 73)

这样分析我如何把握"绿色"这个词,还远没有消除"绿色"的模糊性,而只是将其转移了:因为,如果我确实把这个色样当作"所有略带绿色的颜色"的样板,那么我对某物是否与那个色样足够相似以至于可以被叫作"绿色的"的判断,将必然会允许存在边界情形。目前的论证是这样的:与"绿色"相关联的、仅仅出现在我心中的——或者为了使用的缘故而出现在一张纸上——色样不会告诉我怎样使用它。尽管这似乎对那种色样是成立的,但仍然可能存在其他种类的色样会把它们的应用方法告知观察者。我想到的是你把某物看成某物的例子:维特根斯坦在别的地方称之为方面—感知情形(PI pp. 165-6/193-4)。在《哲学研究》第 166 页和第 194 页有一个"鸭兔"的好例子:一个物体可以看起来像只鸭子又像只兔子,我似乎在描述它所能产生的视觉经验的种类差异。或者,有人可以把一条弯弯曲曲的线看成一个手写的单词,这一方面似乎是一种经验(见 PI p. 169/198 的例子[c]和[d]);而另一方面,这样看它的人会把某个范围的其他图形看成与它是相似的,然而只看到一条弯弯曲曲的线的人不会觉得(比如)两只非常不同的手所写出的"乐趣"这个词有什么相似之处。类似的事情不是也会发生吗?有人把一个绿色的色样看成"所有略带绿色的颜色"的样板而不是纯绿色的样板——他只关注它略带绿色的方面吗?一方面,这似乎是一种经验；而另一方面，这又像指导你应用"绿色"的规则。

    维特根斯坦承认可能会发生这样的事情：

> 当然，有这样一个东西，可以这样看或那样看；还有一些情形，无论是谁，只要他是这样看这个色样，他就会这样一般性地使用它，而且无论谁不这样看它，他就会以别的方式来使用它。（PI 74）

但是，他认为这样以特定的方式来看色样，只是偶然地与你随后使用它的方法相关联。他使用了一个不同的例子：有人可能会把一片树叶的"内在的样板"当成一般的树叶形状的样板来使用，因为他就是这样看待它的：

> 如果你把这片树叶看成"一般的树叶形状"的样板，你就会和别人看到的不一样，比如，你把它看成这种具体形状的一个样板。事情很可能是这样的，尽管实际上并不是，因为那只不过是说，如果你用特定的方式来看这片树叶，你就会通过如此这般的方式或者如此这般的规则来使用它。（PI 74）

维特根斯坦在这里好像是要说，把一片树叶看成一般的树叶形状的样板，并不等于知道怎样使用它：那只是一个经验，而人们将会怎样使用它仍然取决于你。他似乎在这一点上与自己早期的观点是一致的（TLP 5.5423），而与他在《哲学研究》（PI II.xi）中对这些现象进行更加细致的探究时所说的东西不一致。考虑这个段落：

> 如果我把鸭兔看成一只兔子，那我会看见：这些形状和颜色（详细的描述出来）——除此之外我还看见了这样的东西：我这时候指向许多不同的兔子的图片。——这说明了这些概念之间的区别。
>
> "看成……"并不属于知觉。因此，它和看见既相似又不

相似。(PI p. 168/196-7)

把某物看成某物似乎更主要取决于人们如何对待它(例如,某人为了描述他看到的东西而用手指向它),而不是人们看到了什么。这样的话,(a)把一个样板看成如此这般的和(b)用它来判定别的东西是不是在相关的方面与之相似,这二者之间的关联就不是偶然的,而是概念上的:把一个内在的样板看成一个立方体的样板,或者一般的树叶形状的样板,或者所有略带绿颜色的样板。这多少已经将这些东西而非别的东西判定为在相关的方面与之相似:作为立方体、树叶形状的物体,或者绿色的东西。

所以,这本书后面部分关于方面—感知的话可以进一步展开,为(这一节的开头已经注意到的)将理解融入看的倾向提供部分辩护。我在这里只想强调,那个计划的成功对挽救维特根斯坦在《哲学研究》第74节前后的主要目标毫无用处。那个目标是,没有"内在"(或"外部")的样板可以消除概念应用当中的模糊性。因为即使我把这片树叶的形状看成一般的树叶形状的样板,这也是同时会引导我进行分类的经验,我还是没有理由指望它会在每个具体案例中给出确定的裁决。相反,尽管我肯定会倾向于认为"一般的树叶形状"在相关的方面和某些东西相似而与另一些东西不相似,但是边界情形还是会存在。

(b)维特根斯坦也尝试回应这样一个想法:不论我们事实上有没有使用模糊表达,我们都不应该这么做。他对这个关系说了两点看法。第一点,表达式太精确往往毫无意义。这完全取决于你想用这个弄得更精确的命题或概念来做什么。

如果我告诉某人说"大致站在那里"——这样解释不是很对吗? 其他的任何解释恐怕都说不通吧?

这个解释不够准确?——确实;为什么不能说它"不准确"呢? 让我来体会一下"不准确"的意思。因为它并不代表

"不可使用"。让我们对比这个解释,想想我们称为"准确"的解释是什么样的。也许有点像在地上用粉笔给一块区域画出界线? 我们立刻会想到这条线是有宽度的。所以更准确的说法是颜色边缘。但是这种准确性在这里还有用吗? 发动机难道不是在空转吗?(PI 88a-b)

60　很容易想象:在有的情况下,说"大致站在那里"时,用颜色边缘来明确一片指定区域,并不比用粉笔画线更有用(比如,如果说这句话的人是板球队里的投球手在指挥他的接球手时,那么事情就是这样)。

　　这显然是对的,而且也无须细述;而第二点则显得不太令人信服。

　　"不准确"真的是一种批评,"准确"则是称赞。那就是说,准确的东西比不准确的东西更完美地达到了它的目标。所以这里的关键在于我们所说的"目标"。当我没有以准确到英尺的精度给出我们离太阳的距离,或者以准确到千分之一英尺的精度告诉木匠桌子的宽度,难道我说的就不准确了吗?

　　我们从来没有定下过唯一的理想的精度,我们不知道在准确这个名头下,应该想象一些什么东西——除非你自己规定了什么叫准确。但是你会发现很难做出这样一种规定,至少要制定出让你满意的规定非常难。(PI 88d-e)

这个论证似乎是这样的,(a)人们不能批评一个度量是不准确的,除非他有理想的准确性概念。但是,(b)我们没有这样的概念,即我们不知道什么才算是不可改进的精度。

　　但是对此可以有两种明显的回应。第一,即便关于度量的这两点说得没错,但并不清楚的是(b)这一点对于我们更加直接关心的命题也成立。我们可以说一个命题就是不准确的,如果不能在命题的成真条件中划出一条确定的边界,即如果没有一个包含全部并且只包含那些使它为真的可能世界所组成的集合,那么其余可能情形所组成的集合则都会使它为假。这样,一个命题可以被看作完全准确的,只要它遵守了《逻辑哲学论》所提出的理想标准:任意可能情形要么使它为真,要么使它为假——不存在边界情形。事实上,我们的思想可能并不遵守这种标准,但是这个理想标准仍然存在。

第二种回应是针对问题(a)的。那也许是一种奇怪的状态,但是即便在你对不可改进的准确性毫无概念(比较一下:总是倾向于两个数中较大的)之时,你仍然总是倾向于更精确的测量方法而不是更不精确的测量方法,这似乎并没有什么问题。当两种度量方法在准确性上有差异时,人们当然必须要把握这种差异,维特根斯坦对此并没有表示怀疑。

普遍偏好精确性的重要性或许并不像维特根斯坦在《哲学研究》第 88 节所认为的那样,是某种对哲学本身的本性和任务的特定认识——或者,如他所认为的,错误认识——才具有的病症。

### 2.3 哲学的本性

在《哲学研究》处理的所有主题中,这恐怕是与《逻辑哲学论》共同点最多的一个。然而,其中也有很多分歧,我们在之前对《哲学研究》第 88 节的讨论中就可以明显看出。我在这里要讨论的是,"哲学是一种活动而不是一种理论"这一观点的延续和变异,意在揭示哲学家曾一度以为的"哲学研究的主题是有价值的"这一看法的荒谬性。

在《逻辑哲学论》中,维特根斯坦曾主张,哲学不是经验或先验的理论,而是一种活动(TLP 4.111-4.11)。它的任务不是帮助我们回答科学也能回答的问题,而是对科学能说什么或——他当时认为这两者是一样的——能想什么设立界限(TLP 4.113-4.114)。

　　事实上,哲学至少在理论之外也必须包含活动这个论断,是从哲学在《逻辑哲学论》的意义理论中所承担的任务这一认识而得出的。要设定思想和语言的界限,哲学只能通过对所有命题(包括哲学本身)进行概括来实现。但是,

> 没有一个命题可以做出关于自身的陈述,因为一个命题符号不能包含在自身当中(这就是"类型论"的全部)。(TLP 3.332)

62　　例如,假设有个命题断言:所有的命题都是图画(TLP 4.021)。这个命题要有划定思想界限所必需的普遍性,它就必须能应用到自身。所以它就必须说,所有的命题都是图画,这个命题本身是一幅图画。现在让我们来考虑"$x$ 是一幅图画"这个函数符号在"所有的命题都是图画,这个命题本身是一幅图画"当中的两次出现。维特根斯坦说,任何符号都包含了对将其有意义地带入 $x$ 的语法上的限定,即对什么符号可以代入 $x$ 的限定(比较一下 $n+2=m$,其中的 $n$ 和 $m$ 通常只能代入阿拉伯数字)。但是这意味着,这个符号本身不能用来代入:

> 在逻辑句法中,一个符号的意义不应该发挥作用。在不提及符号意义的情况下建立起逻辑句法必须是可能的:只能预设对表达式的描述。(TLP 3.33)函数本身不能作为自己的自变量的原因是,函数符号本身已经包含了其自变量的原型,它不能把自身包含在内。(TLP 3.333)

由此可以得出,如果"所有的命题都是图画,这个命题本身是一幅图画"这个命题说了点儿什么的话,"$x$ 是一幅图画"在其中的两次出现一定是不同的符号,因为前者不能包含自身,而后者显然可以包含前一个符号——因为在这个命题符号中它已经包含了。因

此,能够代入它们的实例不一样,故它们一定是不同的符号。(这是与《逻辑哲学论》第2.0213节对应的语言版本。)可是这样一来,我们的那个命题就不是在做一个具有足够普遍性的断言:它对其他所有事物所做的断定没法运用于它自身。"'唯一能阻止顽固罪犯的就是漫长的刑期(sentence)'是一个长句子(sentence)"这句话不只是说了"唯一能阻止顽固罪犯的事情"这个句子,还说了后一个句子所说的内容,即唯一能阻止顽固罪犯的事情。所以我们的命题没有起作用:如果它有所断定的话,那也不是我们所期望的断定。

所以为了达成哲学的目标,我们绝不能停留在说明思想的界限上,而是要向别人证明他们的断言已经超出了那个界限。 63

> 哲学的正确方法实际上是这样的:除了能说的(即自然科学的命题——与哲学无关的东西)之外什么也不说,而且只要有人想说形而上学的东西,就向他证明:他说出的命题中有些符号是他没有赋予意义的。(TLP 6.53)

这个证明"他没有赋予意义"给某些符号的活动,正是已经读过《逻辑哲学论》的哲学家应当对任何一个"想说形而上学的东西"的人所要做的。

在《哲学研究》中,他抛弃了早前认为这些事实不可说的理由。因为他不再认为必须一劳永逸地给出符号的意义。他现在反而认为,不同的使用方式之间存在着关联,把一个符号的用法延伸到新的情形,人们或许依然还能保留那个词语原有的意思。这也可能发生,比如,人们一开始只把"疼痛"这个词用在生物身上,后来也把它用到玩具之上(见 PI 282),或者人们一开始认为只有在纸上看得见的运算才算"计算",而后来也承认了"头脑中的计算"(见 PI 364,385-6)。那么同样,如果有人原来只把"命题"这个词应用到很有限的一部分句子上,那么他也有可能怀着同样的忠诚,开始把它应用到更多的句子上。（我会在 4.2.6 节讨论把这一点应用到感觉归属的问题上。）

然而，虽然他已经没理由这样做，但他也会继续接受哲学是向对形而上学理论抓耳挠腮的人们证明：那些理论实际上是荒谬的。

> 哲学的结果就是，这一条或者那一条无稽之谈被体无完肤地揭露出来，以及理智迎头朝语言的边界撞上去会得到的大包。（PI 119）

64

> 如果有人要在哲学中阐述观点，那我永远不可能就它们进行争论，因为所有人都会对它们表示赞同。（PI 128）

推荐这种活动的原因是，它所针对的哲学讨论本身是一种语言在其中不起任何作用的活动——表面看起来像是有意义的语句（因为在语法上它们是合式的 [ well-formed ]）实际上则毫无意义，因为它们完全没有用处：

> 当哲学家使用一个词——"知识"、"存在"、"对象"、"我"、"命题"、"名称"——并试图把握其本质的时候，他必须不停地问自己：这个词语在它本来的语言中实际上是这样使用的吗？
>
> 我们所做的事情就是把词语从形而上学的语境带回日常使用中。（PI 116）

所以，哲学家应该做的就是这件事：如果遇到有人想知道，比如，是不是所有的词语都是名称，或者空间是否必然是三维的，哲学家不要对那个立场表示肯定或否定，而应该提醒他"词语"、"名称"、"空间"等表达在我们日常中的用法，然后他自己就会发现，他说的句子实际上毫无意义。"哲学家的工作主要是按照特定的目的做出提醒"（PI 127）。

我们该如何理解这一点？的确似乎具有极大普遍性的哲学论

断都是毫无意义的。接着"所有的词语都是名称"这个例子说,如果有人在哲学语境中说这句话,他到底想说什么意思并不是一目了然的。维特根斯坦也说得很对,那是因为他对名称这个词的用法与非哲学的用法离得很远。所以,只会在非哲学语境(例如,"这些孩子叫什么名字?"、"名字以'S'打头的,请向前一步走")中使用"名称"这个词的人,在面对那个一般的奥古斯丁式观点时,他会很迷茫。

但是,为什么正确的回应就必须要放弃哲学论断?为什么人们不能承认,如果没有进一步的解释,自己对那个命题是什么意思就只有一个模糊的概念,而且不但不会放弃,反而尝试为其赋予一个可以检验真假的意义?

当然,人们不能按照自己的喜好来赋予意义,至少当他想坚持自己表达的是哲学观点时不能。要是我宣布"所有的词语都是名称"要表达的意思和其他人说"猪会飞"是一个意思,并且由此得出结论:"所有的词语都是名称"不成立,那么没有人会认为我说的东西跟哲学有关。但是还有很多与此不同的方法来明确词语的意义,可以说那些方法支撑着我们或许有些含混的日常理解。

所以,科学研究经常会赋予词语以某种准确的意义,从多个并不系统地确定日常用法的标准当中根据当前目的选择一个。例如,如果有人希望衡量"一个国家的收入"变化,他不会满足于普通的"收入"一词,因为它含混不清,他必须换一个像"国内生产总值"(GDP)这样的明确概念,也就是说,一个至少能抓住关于收入的某些方面的可以度量的变量,并且使他原来的问题值得关注。当然,那个变量可能不会涵盖他一开始关心的关于收入的全部内容,而且可能会包含他不曾关心的一些内容。但是,他可以比较自由地设定别的变量(比如"国民生产总值"[GNP])来改进涵盖的范围。人们不能反驳说,这样定义"收入"会让我们的经济学家脱离日常

65

用法,从而使他的研究毫无意义(就像"猪会飞"的例子那样)。相反,他做的事情明确了追问收入变化的意义(可能更准确的说法是:明确了其中之一)。

那么,为什么我们不能在哲学研究中也这么做呢? 回到所有的词语都是名称这个观点。仅仅陈述这个观点是毫无意义的,但是我们为什么不能明确"名称"在这个语境里要表达的意思进而检验得到的理论呢? 事实上,我已经试过了:我在第 1 章为那个观点提出了三种相对明确的理解或结果——"所有的词语都有同样的功能"、"所有的词语都是通过直指习得的"、"所有的词语的意义就是它们指称的对象"——并且努力从维特根斯坦的原话中辨别出哪些真、哪些假。为什么那就不算一种发展哲学观点的方式,以及解决它们的方式呢?

对这种哲学观念有一种反驳:那会给很多哲学观点以一种经验性的理解。比如,"所有的词语都是名称"这个句子可能被理解为经验性论断:我们通过直指定义的方式学习所有词语;或者"空间必然是三维的"这一观点可以被理解成只有在经验上得到支撑的物理学理论才可以回答的问题。但是,反驳者会继续说,哲学观点不是经验的(因而通常是偶然的),而是先天真理(如果算得上是真理的话),是可以在扶手椅上发现的(见 PI 109)。

但是为什么要这样想? 只有在非常狭窄的哲学观念上,人们可以说哲学不做任何经验性论断。举四个时间间隔久远且学说极为迥异的例子:亚里士多德(在《论灵魂》中)、贝克莱(在《视觉新论》中)、马克思(在《资本论》中)和罗素(在《心的分析》中)进行的哲学研究都产生了经验性的(同时也是哲学的)论断。维特根斯坦会告诉他们中的哪一位你搞的不是哲学? 为什么我们不能说那个关于时间和空间的基本形而上学问题事实上既属于物理学也属于哲学? 维特根斯坦凭什么告诉我们,牛顿的理论或爱因斯坦的理论,对于我们对空间、时间和物质的哲学理解的贡献,不会超过几个世纪以来纯粹的先验思索?

关于时间,维特根斯坦说道:

> 奥古斯丁在《忏悔录》中说,"那么,时间是什么呢? 如果没人问我,那么关于它是什么我所知道的就够多了,但是如果我被人问起它是什么并且尝试解释,我就犯难了。"——这个问题不能说是一个自然科学的问题(例如,"氢气的比重是多少?")。没有人问的时候我们知道,应该作出解释的时候却又不知道,这样的东西是我们应该提醒自己注意的。(PI 89)
>
> 似乎我们必须得看透现象:可是我们的研究并不是指向现象,而是指向(有人会这样说)现象的"多种可能性"。这就是说,我们提醒自己注意那些针对现象所做的陈述。所以,奥古斯丁想到的是关于事件的延续、过去、现在和将来所做的不同陈述。(PI 90)

67

我承认,我觉得这种看法无法理解。无论你问不问我,我都不知道时间是什么。但是,如果我知道它在一个得到经验证实的物理学理论中起了什么作用,那么我应该很清楚它是什么。对于空间、颜色、心灵、语言也是一样。

在我看来,维特根斯坦的哲学观和对立的观念之间的距离太大,不应该把它们看成是对立的。事实上,存在着两种完全不同的活动:尝试回答关于人和宇宙的最一般问题,同时坦然承认经验发现也往往与之相关;先验地提醒我们自己词语的日常用法以防止陷入混乱。这两种活动都是合理的,所以最后到底哪一种被叫作"哲学"并没那么重要。他自己就曾说:

> 如果把我们的探究称为"哲学",这个名头一方面好像是合适的,而另一方面它已经让人产生了误导。(有人会说,我

们现在所处理的正是曾被称作"哲学"的学科的后代。)（BB 28）

但是,试图回答具体哲学问题——或至少是对它们进行了加工的表述——的这个学科是其另一个后代,这个学科也是今天西方传统中的大多数哲学家所追求的。他们仍然坚持继续研究维特根斯坦的理由是——无论是否有意——他所说的很多东西也澄清了他们的问题。

### 2.4 《哲学研究》第134-137节:"命题的一般形式"

《逻辑哲学论》第4.5节所展示的语言图画将那本书的作者完全俘虏了:"命题的一般形式是:事物就是如此这般的。""事物就是如此这般的"这一表达是他从"日常语言而非别的地方"得到的（PI 134）。维特根斯坦通过提问的方式来应用《哲学研究》第116节中的方法:它在日常语言中的用法是什么样的?

"事物就是如此这般的"具有一定的普遍性,使得它可以代替任何命题:我们总是可以说,"他说了p,即他说事物就是如此这般的",这个逗号后面的内容只不过是重复前面的,无论p是什么（PI 134b）。但是,"事物就是如此这般的"附带着的普遍性并不意味着它在《逻辑哲学论》第4.5节中的使用告诉了我们命题是什么。换句话说,如果一个造访地球的外星人要求我们演示哪一些语言片段表达了命题,那么这样的说法是没有用的——命题就是那些形如"事物就是如此这般的"的语言片段。

这样做行不通的原因是,你得先知道哪些语言片段表达了命题——知道你愿意将哪些称作"命题"则更好——你才能说哪些是形如"事物就是如此这般的"。这就好比要解释阿拉伯数字是什么,我们可以说任意阿拉伯数字都可以有意义地置换"121"中的"1"。这样说没错,但是它并没有明确如何判断任何一个东西是不是阿拉伯数字：相反，它只是说，对于给定的阿拉伯数字——"2"就是其中之一——我们用它们玩的"游戏"允许这样的置换。

这一点对于一种相关看法也是成立的：命题的本质（它对现实作出断言）可以这样被把握——那是一种要么为真要么为假的东西，而不是一个感叹句、喷嚏或帽子。维特根斯坦还认为，这只是看起来像告诉了我们什么东西。因为真并不是命题与现实之间一种特殊关系，而是说"p 是真的"只不过是把"p"所说的东西表达出来的一种方式；"p 是假的"只不过是把"~p"所说的东西表达出来的一种方式（PI 136）。但是，我们不能通过这种方式——把某些词语拼凑起来去问真和假是否"符合"这样的组合（像拼图的碎片可以相互匹配那般）——来判断到底什么属于命题集合，相反我们应该说，"我们只用'真'和'假'来谓述被我们称为命题的东西"（PI 136）。

所以尽管"为真或为假"和"形如：事物就是如此这般的"都给出了成为命题的充分必要条件，但它并没有指明，所有命题所共有的哪种特征使得它们可以被我们称为命题；它也没有指明，有什么特征是我们可以在辨别它们是命题之前就能辨别出来的。

由此可以推出两点：第一点，"命题"也许表达的是一个家族相似概念。至少，存在成为命题的这些充分必要条件，并不能表明那不是家族相似概念。所以维特根斯坦说：

> 但是，我们关于命题是什么以及我们理解的"命题"意指什么不是已经有了清晰的概念吗？——是的，正如我们关于我们用"游戏"所指的东西也有清晰的概念。（PI 135）

第二点，《逻辑哲学论》背后所谓的洞见并非如此，而只是在语法规则范围内允许的一种变化。存在命题这种东西这件事显得既意义深远又神秘，因为命题不知怎的能做那么多事，比如，对现实作出断定，直接触及现实，并说"事物就是如此这般的"（PI 95）。但是，

69

说那些就是命题的作用只不过是换一种说法,还没有描述命题与现实的深层次关系。事情并不是这样:我们不知怎的就把一种不为人知的神秘魔力注入了某些说出或写出来的对象。相反,我们觉得只有被我们称为"命题"的东西才能说"做出了关于现实的论断","直接触及了现实"等。维特根斯坦后来对这种唯物论提出的批评可以理由充分地针对《逻辑哲学论》第4.5节:"你把你自己所做的语法变化看成你正在观察的准物理现象"(PI 401)。

## 第 3 节　意义与理解

　　维特根斯坦围绕《哲学研究》第136-137节所讨论的"匹配"概念开始进一步讨论理解和意义——《哲学研究》的核心。有人会说,一个词语的使用要"匹配"其意义,而只有认为意义并非使用本身(像《哲学研究》第43节所建议的那样),而是指导着使用的东西,你才会这样说。这是一个非常自然的想法,只要反思一下你突然理解什么东西的时候所发生的事情。你在一瞬间把握那个东西,"我们以这种方式把握的东西肯定和'使用'不一样,因为使用是在时间中延续的"(PI 138)。正是"在一瞬间把握"这个想法将会在接下来的50多节中成为维特根斯坦集中讨论的话题。

### 3.1　立方体

　　当你在一瞬间理解某事的时候,你心里浮现出的是什么东西?维特根斯坦首先考察了那是一幅心理图画的看法(PI 139c)。在讨论他关于这一点说了什么之前,有必要注意他对"心理图画"或"内在图画"的诸多讨论都有一个独特而有趣的特征:只要在考虑它们的功能时,他会认为内在图画和外在图画其实毫无区别。

　　　就我们的目的而言,我们完全可以把想象某个对象的过程替换为看、画油画、素描或雕塑的过程,而把对自己说话的过程替换成大声说出来或者写出来的过程。( BB 4;见 PI 141b)

所以,他关于内在图画(比如《哲学研究》第 139 节中的立方体)所说的东西同样也适用于纸上画的立方体。使用这样一种策略,只不过是为了认真对待"内在"图画或行为而已。因为这样的内在对象、状态、事件和过程都是以外在的对应物为模板的,这样做的意义以及最终那些模型的倒塌都在于我们"把本质上是第三人称的情形转化到某种心理的内部环境"( Moran 2003:2)。

### 3.1.1 图画及其投影

维特根斯坦对"心理图画"这一提议真正的讨论以"立方体"这个词为例展开。当我突然理解"立方体"这个词时,有没有可能我的内心刚好呈现出一幅立方体的图画?在《哲学研究》第 139 节中他并没有否定人们可以把这幅图画叫作"立方体"这个词的意义,所以当我第一次理解"立方体"时,它的意义就已经呈现在我的心目当中。他所否定的是,只有一种用法能与这个图画相匹配,就像拼图的碎片相互匹配的方式是唯一的。

为什么不是呢?因为如果"立方体"这个词的一种用法可以与我当时心里的图画相匹配,那么别的用法应该也可以。

> 或许你可以说:"这很简单,如果那幅图画出现在我心里,而我指着一个三棱柱说它是立方体,那我对这个词的这次使用就不匹配那幅图画。"——可是真的不匹配吗?我特意选了这样一个例子,以便让人易于想象出通过一种投影的方法使那幅图画匹配。( PI 139)

维特根斯坦这里说的"一种投影的方法"是这个意思:设想某人有

办法画出想象的"投影线"并把画面中的立方体表面上的点与一个
物体表面上的点连到一起。(这里必须真的想象出一幅纸上的图
画,甚至是一个三维模型。)如果用那种方法,描绘的立方体与某个
物体的点可以一一对应,那么我们就可以将"立方体"这个词应用
到后者。他在这里想说的重点是,无论怎样画这样的线,这个图画
本身之中并没有什么东西与之"匹配"。例如,如果我总是从画中
立方体的顶点向实际物体的顶点画线,那么显然,我只能把"立方
体"这个词应用到本身有八个顶点的物体,所以我会将这个词应用
到立方体上[11]而不是三棱柱上。可是如果我练习的是另外一种方
法,从画中立方体的每个面向物体的顶点画线,又会怎样呢? 这样
的话,一个三棱柱就会与我将"立方体"这个词所关联的图画相匹
配,因为它有六个顶点而立方体有六个面。

　　有一种显而易见的方法,对这个观点稍加改动就可以绕过这
个反驳。那就是要假设与"立方体"关联的内在图画所描绘的不仅
是那个立方体本身,而且还有合适的投影方法。所以,试想与"立
方体"这个词关联的内在图画由两幅画组成,另外还有从其中之一
的顶点到另一个的顶点之间的"投影线"。这样不就可以阻止我们
把"立方体"应用到三棱柱上了吗?

　　"可是这真的能让我走得更远吗? 我难道不能想象这个框架
的其他应用方式吗?"答案是你能:在这幅更加复杂的图画中,没有
什么能告诉你怎样将其投影到"立方体"这个词的这次或那次应用
中(PI 141)。比如,图画中到底是什么决定了我该怎样把画出来的
投影线和想象的连在一起,而后者将画出来的立方体和物理对象
联系在一起? 如果每条想象的投影线和画出来的投影线具有同样
的起点(即其中一个立方体的一个顶点),那么当然我就会得到一

---

[11]　当然,我也会将它(错误地)应用于所有的长方体、平行六面体等,但这与当前
　　讨论的观点无关紧要。

种比较方法以确保我不会把立方体应用到三棱柱上。但是,如果每条想象的投影线都有一个原点,它的原点与画出来的投影线的四个共面原点(即立方体某一面的中心点)等距,那么我的比较方法就不能排除我这样使用它。所以这个修改只能让我们原地踏步:毕竟最终不能说我使用"立方体"这个词到底符不符合我心目当中出现的图画。

值得一提的是,这个观点和《逻辑哲学论》很像,或者更准确地说,维特根斯坦在这里关于图画所说的东西和他在《逻辑哲学论》中关于句子和命题符号(propositional sign)所说的东西很接近(他认为后者都是图画)。一个命题或者图画式的符号仅仅出现在某人的心目中(或肉眼中)算不上理解了那幅图画,因为图画不可能——我们刚才已经讨论过的原因——包含自己的投影方法。但是《逻辑哲学论》还有这样一种观点,要以某种方式理解这幅图画,他本身也必须上演一种特殊的心理活动:他必须思考其含义,这样做就是他所说的"投影"(TLP 3.11)。这件事情就是要有一个思想,即让这幅图画是表达这种意思,而不是另外一种意思。"一个命题符号,被应用或被思考,那就是一个思想"(TLP 3.5)。[12] 这样,人们就把命题符号变成了命题象征(propositional symbol),即一个符号加上其应用的方法(TLP 3.32)。

我们将在 3.3 节回到《逻辑哲学论》中的这个观点:以某种方式理解一幅图画是一个伴随该理解的心理过程。我们将在 4.2.3 节讨论《逻辑哲学论》中一个更进一步的观点:必定存在一个自我或者灵魂来执行这一过程。

### 3.1.2  "极端普遍的自然事实"

未曾体会过我们眼前的苦恼的人,总是觉得这样一些说法非

---

12　进一步的讨论,请见 Hacker 1999;Stern 1995:67-9。

73　常自然：某人瞬间理解了其他人的意思是很自然的事情，一个词语的意义可以呈现在人的心中，如此等等。维特根斯坦是打算禁止这些自然的说法吗？如果不是，那么至少他认为这些说法就像"太阳落山了"那样，并不是在字面意义上为真吧？

　　这两个问题的答案都是否定的。为了回应前面关于投影的论证，他让对话者说："好吧，没错，但是我心里就不能出现应用吗？"——"可以，"维特根斯坦回答道，"只有当我们需要弄清楚我们对这个表达式的应用时。"后来在同一小节里，他又继续说：

> 图画和应用之间不能存在冲突吗？当然可以，只要一幅图画会让我们预期另一种不同的用法就可以，因为人们通常以这样的方式（即图画和应用不存在冲突）应用这幅图画。
>
> （PI 141）

但是如果可以存在冲突的话，那么也可以存在匹配，所以与《哲学研究》第139节可能产生的印象相反，维特根斯坦并不是主张，无论如何理解"匹配"都不能说对那个关联词语的使用，匹配或没有匹配一个人心中（或者纸上）的图画。他要反对的是对匹配造成的结果的误解，普通说话者可以免于批评，只要他心里没有这种不合法的含义。让我们首先考虑匹配的这种不合法含义是什么，然后再考虑匹配的合法含义是什么。

　　那个不合法的看法是说，那幅图画不知怎的强加了一种用法给我们（PI 140），使得一次匹配那幅图画的使用不是因为该次使用是对那幅图画的正常反应（即典型的使用方式），而是独立于我们的正常反应：所以，如果同一幅图画会伴随着"立方体"这个词出现在一个火星人眼前，那么这个词同样的应用对它来说也就确定了（见 PI p. 46 n. 2 [b]/54 n. [b]）。《哲学研究》第139节所反对的正是这样一种对匹配的理解，而且它表明"立方体"这个词的使用在那种非常苛刻的意义上并不匹配关联的那幅图画，因为"除了我们一开始想到的那个过程以外,还有其他的过程,我们有时应该称这些过程为'应用立方体的图画'"(PI 140)。

但是还有第二种不那么苛刻的意义可以说使用与一幅图画相匹配。他在《哲学研究》第 141 节已经引用的那段话里有所描述。与图画相匹配的使用,是在人们实际使用这幅图画的基础上我们所期望的使用。他们可能用另一种方式或者用完全不相容的方式来使用它。但是作为事实,当你对某人说:"给我拿一个这样的东西过来",并向他展示了一幅立方体的图画,他就会给你拿一个立方体过来。这就是为什么,我们可以说某人偏离了这种正常的情况(比如拿来一个三棱柱),他使用"立方体"这个词的方式与那幅图画不匹配。

维特根斯坦已经解释过,在这种意义上,一个东西可以"匹配"另一个东西是什么意思:

> 学着通过"谁(或什么)……?"形式的问句确定一个句子的主语又如何呢?──在这里,确实可以说有主语"匹配"这个问题,否则,我们怎么能借助这个问句找到主语是什么呢?我们找一个句子的主语,就像只要默念字母表到"K"就能找出字母表上"K"后面的字母是哪个一样。那么,在什么意义上可以说"L"与那一串字母相匹配呢?(PI 137)

"L"之所以匹配那串字母,是因为它在我们的字母表上正好排在"K"后面,也就是说我们约定俗成地在字母表上把"L"紧接着"K"排列。正是在这个同样的意义上,我们可以说当你在内心默念"立方体"时,"你心中呈现"的"立方体"的意义与它的用法相匹配。

我们现在回到一开始引起这一番探索的那个问题。那是对意义即使用这一观点的一种反驳:不,意义不是使用,而是某种你的使用所匹配的、先于使用的东西。其中的理由应该是,意义可以"一瞬间"呈现在你心中,但是,使用是在时间中展开的,怎么可能

74

"一瞬间"呈现在你心中?

我觉得维特根斯坦在这一点上告诉我们两件事。第一,他承认意义可以是心中呈现的图画,但是只有当那幅图画的使用也能"呈现在你心中"时才成立。而当你准备把那幅图画按照通常的用法去使用时,那种情况就会发生。所以,在时间中展开的应用,也可以呈现在你心中。实际上,理解是稍后才会出现的( PI 151)。"但是,在时间中展开的使用怎么能一瞬间就出现在你眼前呢?"我稍后会回来讨论。

他告诉我们的第二件事是:使用在某种意义上可以说匹配或不匹配图画,但那只是因为图画有其实际的用法,即因为某人在被展示了(例如)立方体的图画并被要求拿一个图上的东西过来时他就会真的拿一个立方体过来。所以,独立于第一点,我们也可以主张:在解释的顺序上,使用是先于意义的。一种用法与图画相匹配,其原因不在于那幅图画已有的意义;相反,那幅图画之所以有那种意义,是因为我们通常赋予它的用法。

在这部分的最后,我简单地强调一下对理解维特根斯坦关于意义与理解问题的整体思路非常重要的两点。第一点,他在《哲学研究》第139-141节的讨论解释了一个概念的存在多大程度上依赖于偶然出现的规律性。特别是,如果我们对一幅图画没有典型的反应,那么"匹配"关系就是空洞的。如果有人让我拿一个像这个(图画中的形体)的东西,有一天我拿了一个三棱柱过来,而另一天我拿来的是一个立方体,而且在那些场景中你对我的回应也各不相同;如果这在较长的时期或较大的人群中都没有出现什么规律,那么,说一种用法的规律"匹配"图画,就和说那幅图画"匹配"(比如)天气差不多。

就像《哲学研究》第142节(见 PI p. 48/56n 和 p. 195/230)的阐述所暗示的那样,这个例子特别常见且对维特根斯坦十分重要:

我们概念的模式,即我们用词语去表达概念的模式,依赖于"极端普遍的自然事实"。维特根斯坦举的其他例子包括:确切和不确切的记忆的区别依赖于关于实际可靠性的事实(OC 632);我们的算术语言依赖于那些关于物理对象稳定性的一般事实(RFM I-37)。并且,我们将会看到,第三人称的感觉归属依赖于我们表达后者的方式中的某些特定的规律性(见 4.2.5)。

第二点,如果这些非常普遍的事实成立的话,我不认为维特根斯坦会就此打住。除非他说,在某个场景中某人心里出现的图画实际上可以(在当时)即刻开启理解的过程。"但是,在时间中展开的使用怎么能一瞬间就出现在你眼前呢?"对这个问题的回答是,一个心理事件能被当作"该应用呈现在你心中的表象",这取决于在时间中展开的一般事实,但那个事件本身不需要在时间中展开。试比较:画布上的一抹油彩可以画出一张笑脸,但是那需要看画布上还画着什么别的东西。(换到另外一幅画上,那一抹油彩可能就不是笑脸了。)但我们并不能由此得出,这一抹油彩本身是在整个画布上展开的。

### 3.2  倾向

维特根斯坦现在转向一个新的例子。设想我们打算教一个学生使用阿拉伯数字系统,其方法是首先向他展示并让他跟着重复,这样写下数列的前段:0,1,2,3,……于是我们写下这样的序列,然后他也跟着我们写下来,而且如果他写错了,我们会纠正他。如果他是一个正常的人类,那么十有八九,他最终可以掌握这套系统,他将获得我们写出无穷长数列片段的能力。

我们怎么能判定他确实掌握了呢?通过看他怎么做:如果他可以足够多次准确无误地将数列继续写下去而不需要提示,并且能够学会看出错误在哪里且知道怎么去改正它,那么我们就可以有合理的信心说他确实掌握了这套系统。

但是,他在某个特定场景能准确无误地一直往上数,数到(比如)第 100 个数以后,也不等于他已经掌握了这套系统。因为掌握了这套系统之后,范围已经远远超过了 100。维特根斯坦对那个想法给出了两个非常清晰的表述:

> 也许你此时会说:掌握这套系统(或者理解了它)并不包含将这个序列延续到这个或那个数:那只是对理解的应用。理解本身是一种状态,是正确使用的来源。(PI 146)

> 你的观点是说,你知道如何使用这个序列的规则与记得对具体数字的实际应用无关。你可能会说:"当然! 因为这个序列是无穷的,我能展开的这一小段是有限的。"(PI 147)

很明显,这个例子的意义在于,它代表了想要区分你如何意指某物与你如何使用某物的另一种冲动,更具体来说就是:要区分对一个序列的理解与对该序列的实际展开,因为前者是无穷的(或不确定的)而后者是有穷的,所以理解这个序列必须处于某种心理状态,从那种状态中"我们的行为就会像从蓄水池里涌现出来一样"(BB 146)。

现在,已经有一个蓄水池在那里了,不论人们有没有从中引水。在《哲学研究》第 148 节,维特根斯坦问到,我们"应用规则的知识"在未被运用甚至未被想起时是否在场。一个显而易见的回答是,这种知识或理解就像关于 ABC 或乘法表的知识:这种状态是永远在那里的,因为人们认为这种状态属于倾向。

### 3.2.1　A 倾向和 B 倾向

要讨论维特根斯坦在《哲学研究》第 149 节对这种可能性的处理,我们必须区分"倾向"一词可能表示的两种东西。当有人说一个物体(比如加热过的玻璃器皿)如果被放到冷水中有碎裂的倾向,他的意思可能只是:如果该物体被放到冷水中,它就会碎裂。加热过的器皿无论是否被放到冷水中都会有那样的倾向,即使它只有某段时间内在水里,但它没被放在水里时也仍然有那种性质。所以,说某物有这种意义上的某种倾向,其实就是指在一定的假定情形下,只要满足了特定条件它就会发生什么。让我们把这种特性称为 A 倾向。

就我们目前关于 A 倾向所说的东西来说,两个物体有可能仅仅在这方面有差异:例如,有两个玻璃器皿,它们的温度和分子结构完全一样,而且事实上在任何方面两者都不可区分。但是,如果把它们放到冷水里,一个会碎裂而另一个不会。如果真有这样的事情发生,那就奇怪了。因为有 A 倾向的物体通常具有某种性质,其本身不只是在假定情形中物体发生变化的条件,而是那个物体中一个实实在在的性质。比如,一把盐具有溶解的 A 倾向(即如果你把这些盐放进水里就会生成溶液),但是之所以会这样是因为其背后有可以解释溶解现象的化学结构。物体具有某种 A 倾向背后的这一实际性质,这通常被叫作 A 倾向的基础,我在这里称之为 B 倾向。

### 3.2.2　第一个反驳:《哲学研究》第 149 节

让我们回到维特根斯坦之前的讨论,理解自然数序列、知道乘法表等,都是他说的"倾向"。他写道:

> 如果有人说知道 ABC 是一种心理状态,那么他设想的是某个心理装置(或许是大脑)的状态,我们可以借助它来解释那种知识是如何得以表现出来的。这样的状态叫作倾向。(PI 149)

他在这里用"倾向"来指那种可以解释人们在提问的刺激之下说出 ABC 来回应的状态,也就是说,他说的倾向就是指我说的 B 倾向。

那种状态对应于盐的分子结构,而不是盐在水中可能有的表现。我们也许可以把学生关于 ABC 的知识(或对自然数序列的理解)等同于那种能够解释它们在学生的行为中的显现的心理或大脑状态。

但是维特根斯坦对此提出这样的批评:

> 说起心理状态会招致很多反对,因为这样一种状态应该有两种不同的标准:关于该装置构造的知识,这与该装置能做什么无关。(PI 149)

这话是什么意思?

79　困难似乎在于我们没办法详细地界定那种状态,只能说"反正是可以解释学生能正确背出 ABC 的那种状态"(或者"反正是可以解释他在任何时候都能继续往下数的东西")。但是为什么这对理解"蓄水池"观念来说构成了一个难点?维特根斯坦并没有说,但是这里有一种设想。

假设我们把所有能够支撑 A 倾向做出适当行为的 B 倾向都详尽地列出来,那么一个学生具有 A 倾向,当且仅当如果他被问到时他会正确背出 ABC。那些都是他大脑或心灵的性质:记录了他实际有的东西。享有一个红色后像(after-image)的性质就是其一;神经元 N 以 R 的速率激发也是如此。这样一来,那个提议就是:如果关于 ABC 的知识是人的一种状态,那么它就等同于那张清单上的性质的组合(可能极其复杂):不论到底是哪种组合,反正是能最好地解释那种 A 倾向的组合。

维特根斯坦的反驳是:ABC 的知识不能这么界定,因为我们判断某人是否掌握那个知识的唯一标准就是行为表现,而不是通常情况下能解释那种行为表现的状态。设想我们原来测试过的人中,恰恰是那些大脑状态处于 $N_1$ 的人能随意地背出 ABC。(同样的观点也适用于任何其他 B 倾向的"心理状态"。)我们现在来看一看,如果把理解等同于大脑状态会发生什么。设想我们找到一群人,他们大脑处于的 $N_1$ 状态并不支持他们具有在被问到时背出 ABC 的 A 倾向。相反,这群人的大脑状态 $N_2$ 却可以支持。我认为我们都会同意,在第二群人中,那些处于 $N_2$ 状态的人而非处于 $N_1$ 状态的人懂得 ABC。但是,第二群中处于 $N_1$ 状态的人和第一群人中懂得 ABC 的那些人具有相同的状态,所以,关于 ABC 的知识无关某人是否处于某种 B 倾向的状态。

可以用大家比较熟悉的一个对比来说明这一点。我们用"红"和"蓝"来指有 A 倾向能让正常的观察者在一系列的正常条件下产生红色或蓝色印象的物体表面。如果实际上会让人产生红色的印象(比如,番茄的表面)的表面却让人产生了蓝色的印象,那么那些表面就不是红的,而应该是蓝的(即实际上人们应该这样描述这个场景)。相比之下,我们用"水"来指以雨的形式从天上落下、透明、可饮用……的那种化学物质(无论它是什么)。那种化学物质实际上是 $H_2O$。但是(与"红"、"蓝"的不同之处在于)如果那种物质,也就是 $H_2O$ 本身是不透明且有毒的,那么它仍然还是水。所以,在水的这个例子里,我们具有"关于那个装置构造(由氢和氧构成)的知识,这与它的表现(从天上落下,充满了湖泊等)无关"。所以,某物由水构成就是它的一种状态,而它是红色的却不是;同理,某人关于 ABC 的知识、对一个词语的理解,或者能续写数列等都不是状态。

当然,我们对"理解"、"知道 ABC"等这些语言表达的用法也有可能不是现在这样的,它们本可能仅仅是因为它们实际上都与"红"相似所以才和"水"相似。这样一来,它们都可能指状态。

要看其中涉及哪种区别,我们只需要比较应用到人类的心理概念和应用到机器的类比就可以了。非常具有启发性的(因为非常直白)一个例子是"阅读"。维特根斯坦对"阅读"这个词的理解并不包含语言理解,而是包括誊录和大声朗读的过程,还有视奏乐谱以及把打印稿转为手写稿等(PI 156a)。更一般地,我们可以把任何涉及从一种格式的原件派生出另一种格式的复制品的活动称为"阅读"(PI 162)。

让我们考虑一下:(a)我们说正在学习这种活动的孩子已经开始阅读的理由和(b)我们说正在建造中的机器——比如钢琴——已经开始阅读的理由之间的区别。这个例子非常清楚地说明了这一区别:

> 我们用人类或别的生物来充当阅读器。他们都是为了这个目的而被训练的。训练者说他们之中有一些已经会读了,有一些还不会。有个学生还没有参加训练,如果给他看一个写出来的词语,他有时会发出某种声音,时不时会"碰巧"说对。某个旁人在那样的情况下刚好听到这个学生的声音,说"他在阅读那个词"。但是老师会说:"不,他不是在阅读,那只是碰巧。"——但是,假设给这个学生更多的词,他仍然发出了正确的声音。过了一会儿,老师说:"他现在会阅读了!"——可是第一个词呢?老师是说"我错了,他原来确实在阅读那个词",还是说"他到后面才开始阅读"?——他是从什么时候开始阅读的?(PI 157)

把这个概念应用到人类时那个问题没有答案,这是它的一个特点:能回答那个问题的相关事实就只有那个学生的行为;如果回答不了,那么也没有什么需要回答的。("他要么在读要么没在读当然是一个逻辑问题!"我会在 4.2.7 节讨论这种反驳。)

机械阅读装置就完全不是这种状况,例如皮阿诺拉自动钢琴。那是一种能自动演奏音乐的机器,只要放入刻有乐谱的金属碟就可以了。假设当有人正在建造它时,我们不停地往其中放音乐碟。它不时发出一两个恰好是金属碟上的音符,但这肯定不只是巧合。

听到这个的旁人说:"它正在读取音乐。"而我们却说:"它不是在读,那只是巧合罢了。"——但是我们设想一下,这台机器继续把放入其中的音乐碟上后续的乐谱都正确地演奏出来。过了一会儿,我们说:"现在它能读了!"——那么最开始那个音符呢?

在这种情形中,与学生的例子不同,机器是否读了第一个音符是有答案的。因为在这里,不只是因为它的表现,而且还有它的内部构造让我们可以判定它是否在"读"。如果在我们输入第一个音符时,线路连接正确,那么它即使在那个时候就已经在读了;但如果线路连接不正确,那么它就不是在阅读。

当我们说自动钢琴能读乐谱时,我们允许采取不同于描述其表现行为的方式来界定这种状态——"关于该装置构造的知识,这与该装置能做什么无关"。但是,当我们说到人的时候,我们却不容许有这样的情况:

> 但是,对于活生生的阅读器,"读"意味着对书写符号做出如此这般的反应。所以这个概念与心理的或其他机制的概念没多大关系。(PI 157)

这就是为什么,能读实际上根本不是一种心理状态。"知道 ABC"和"理解数列"的概念也同样不是指状态。我们不能把这样的知识或理解等同于某种 B 倾向。

### 3.2.3　第二个反驳:《哲学研究》第 158 节

维特根斯坦似乎在《哲学研究》第 158 节间接地提到了另一个理由来怀疑把阅读能力归为 B 倾向的做法:他在那里所说的显然同样适用于理解一个数列和知道 ABC 的情形。他只是写道,"那个学生真正开始阅读时所发生的变化是在行为上的,而此时说'他处于新状态时遇到的第一个词'是毫无意义的"。然后,维特根斯坦让对话者这样回应:

> 但那难道不就是因为我们对大脑和神经系统知之甚少吗？如果我们对这些事物有更精确的认识，我们就能看到在训练中建立了哪些联系，那么我们在观察学生的大脑时就能说："他读了这个词，这个阅读关联现在被建立起来了。"——（维特根斯坦回应说）或许就是这样的——否则我们怎么可能这么肯定有那样一种联系存在呢？那也许是先天的——或者那只是或然的？那么或然性有多大？现在，你扪心自问：你对这些东西知道些什么？——但如果那是先天的，这意味着那种解释对我们来说是很有说服力的。(PI 158)

维特根斯坦似乎在这里对阅读（对理解也一样）是一种大脑状态的观点提出了新的反驳。这种反驳看起来是这样的：没有理由先天地假定这种状态是能阅读（在维特根斯坦理解的那种意义上）的人所特有的行为的基础。用上一节的话来说：没有理由假定行为上的 A 倾向（比如，把一段书写的文本转化为一组我们通常与该文本关联起来的声音的倾向）背后有着神经上的 B 倾向作为基础。

我在 3.2.1 节说过，如果我们发现 A 倾向没有按其本性被 B 倾向支持时就会很奇怪。[13] 但是，维特根斯坦认为在心理学领域这真的可能发生。也就是说，他认为行为倾向，尽管其表现能证明学生能读或者掌握了数列，也可能无法用大脑状态来解释。他后期关于心灵哲学的著作中有一段非常著名的话，可以说明他偏向的那种可能性，这里从中摘录两小段。

> 在我看来，没有比这更自然的假定了：联想或思考没有关联什么大脑过程，这样，就不可能从大脑过程中读出思维过程。我的意思是：如果我说话或者写字时，我觉得，存在一个脉冲系统从我的大脑发出，并且与我说出或写出来的思想相

---

13    见埃文斯（Evans 1980：276-7）关于"深层概念偏见"的评论。

关联。但是,为什么这个系统要向着中心的方向上继续下去呢?这个顺序为什么不会乱套?(Z 608)

我在很多年前见过这个人,现在我又见到他,我认出了他,我记得他的名字。为什么在我的神经系统中一定要有这个记忆的起因呢?为什么一定要以某种形式存储在大脑里呢?为什么一定会留下痕迹呢?为什么不能存在一种没有生理规律与之相对应的心理规律?如果这搅乱了我们的因果性概念,那么这种混乱就是理所应当的。(Z 610;见 Z 609, 611-13)

这些话没有否定存在那样一种关联的假设,它们只是澄清了:某种特定的"心理规律"是否对应了某种生理规律实际上是一个经验问题。

请注意,针对将理解当作心理状态的看法的这个反驳与《哲学研究》第 149 节的反驳有什么区别。《哲学研究》第 149 节的反驳(按照我这里的解释)是说:理解不是一种状态也不是心灵或大脑的 B 倾向,而且实际上根本不是状态,因为给定某人的 A 倾向,他是否理解当然与他的 B 倾向无关。即便他实际的 B 倾向能解释他的 A 倾向,这一点仍然成立,就像物体表面的反射可以解释它的颜色。但是,眼前的这个反驳是说:大脑中可能不存在任何能够解释 A 倾向的 B 倾向。所以没有哪个大脑状态可以充当"理解的状态",这与第一个反驳是相互独立的。

第二个反驳是否有效非常依赖于大脑实证研究的成功及前景,这里不便深入。我只是想说,第一个反驳对我来说已经相当有力了,足以让第二个反驳显得多余。

### 3.3    理解与指引

#### 3.3.1    两难困境

在《哲学研究》第 151 节,维特根斯坦援引了另一个例子。A 写下一串数字,B 试图找出其中的规律,即只要给出序列中前面的全部数字就能确定下一个数字的规则。比如,如果 A 写出"1, 2, 3,…",那么这串数字的规则就是,每个元素都可以由它前一个数字加 1 得到。或者,如果 A 写的是"1, 4, 9, 16, …",那么这串数字的规则就是,对任意自然数 $n$,序列的第 $n$ 个元素就是 $n$ 的平方。维特根斯坦感兴趣的是,当 B 突然掌握了序列规则时发生了什么。他自己举的例子是"1,5,11,19,…"。他对此感兴趣的理由很明显:他举的这个例子就像《哲学研究》第 139 节和第 141 节的例子一样,被理解的那个片段本身似乎包含了这个序列(或者一个词语的全部使用)未来全部的发展,从而可以指导他的使用。

维特根斯坦首先设想 B 有这样的体验:很多人在突然理解一个数列背后的规则时所能体会到的那些事情。例如,B 可能只是在尝试各种算式,直到碰到那个正确的。或者,当"各种模糊的想法掠过他的脑海"时,他可能会感到紧张。接着,当他问自己这串数字的差异是什么,看到"4, 6, 8, 10"时他说"现在我能继续写下去"。或者也许他只是感觉到"轻快地吸了一口气",然后就将数列继续往后写了。

可是,在说到"开启 B 的理解"时,我们所指的到底是哪种经验?似乎这些都不是。比如,不能是将公式呈现在 B 眼前这个经验,即他心里或从纸上看到的"$a_n = n^2 + n - 1$",因为"完全可以想象他看到那个公式却看不懂"(PI 152)。这种形式的论证在《哲学研究》第 34 节(本书 1.2 节)和第 139 节(本书 3.1.1 节)很常见,其合理性是显而易见的。所以,将其推广到涵盖当 B 理解时可能产生的所有其他经验上也是可行的。所以,似乎 B 理解的开端并不是一种经验。

> 我们正在努力搞清楚理解的心理过程,它似乎藏在那些更粗糙从而更加能让人注意到的伴随过程中。但是,我们没能做到;或者说,我们都没能进行真正的尝试。因为即便假定我查明了在所有那些理解的情形中发生了什么——为什么那就一定是理解呢?(PI 153)

可如果理解不是外显的过程,它也不可能是隐含的过程。因为"当我因为自己理解了而说出'我现在理解了'时,理解的过程怎么可能是隐而不见的呢?!而且如果我说它是隐含的——那么我是怎么知道我要找的是什么?"(PI 153,见 PI 147a)

所以,维特根斯坦在这里碰到了一个不可容忍的两难困境。一方面,似乎不存在特别的理解的经验,因为任何这样的经验都可能同样伴随着误解;另一方面,如果理解的开启或发生并不妨碍我的认知,那么 B 说他真的理解了有什么根据? 当然,人们经常有充分的理由这样说,例如在一个人已经理解的情况下。

他在下一节解决了这个矛盾。"我现在理解了"这一陈述并不描述任何过程。这样,意识到任意一个这样的过程从来就不足以让任何人有根据地说出"我现在理解了!"相反,存在"特定的情境能让我有理有据地说我可以继续下去——当我想到那个公式时"(PI 154)。

这到底是什么意思? 为了搞清楚这一点,维特根斯坦开始详细讨论本书 3.2.2 节中介绍的那种阅读的意义,我们现在就来看看。

### 3.3.2 阅读、派生和指引

《哲学研究》第156-178节对阅读的讨论实际上有三个目的。其中之一是用一个相对简单的心理动词（"理解"和"阅读"）来说明这些词怎么会不能指称任何类型的过程，无论是有意识的还是其他的。第二个目的是说明一个人在把那个表达归到自己身上的时候，他如何能够证明这是有根据的，特别是，说话的场景如何能为某人所说的话提供理由。

而第三个目的与阅读的本质而不只是简单性有关。这样的设想非常自然：某人在大声读一段文本时，他不仅在看文本的同时说出了那些词语，而且他的话语是由那些印刷的字母所派生的或指引的。这种派生概念也是那个更为复杂的理解概念的一个组成部分。认为理解是某种"行为从中涌出的蓄水池"的人也会认为，除了（存在着）理解的状态外，还有一种（理解的）行为，可以从那个（理解的）状态中派生出对一个词的应用，或者（存在着）通过那个（理解的）状态来指导对这个词的应用的经验。通过证明"派生"和"指引"本身并不指任何过程，维特根斯坦不仅证明了"阅读"不是过程，他还进一步削弱了对理解本身是一个过程的误解。

他在《哲学研究》第162节提出，我们这样定义"阅读"：当某人从原来的东西当中派生出复制品时，他就是在阅读。这里的派生过程是什么？人们当然可以给出明显包含派生过程的例子。比如，假设我们教给某人把印刷文本转换为手写文本的规则。到最后，我们可以给他一张两列的表，左边那一列是印刷体的字母而右边则是对应的手写体。"他展示了他是通过查阅那张表来从印刷体的词语派生出他的手写稿"（PI 162）。

但是，那张表可能有不同的解读方式。学生有可能不把印刷体的字母和它右边的手写体相对应，而是将其与右下方的手写体相对应。这样,他就把 A 和 b 相对,C 和 d 相对,……,Z 和 a 相对(即像《哲学研究》第 86 节所画的第二幅示意图那样)。他当然还算是从印刷体的词语派生出手写体,尽管不是按照我们原来设想的方式。也有可能是这样的,他使用的方法根据如下的规则逐步发展,如果某一天他写出(比如)c 与 B 对应,那么第二天他写出 d 与 B 对应,以此类推。又或者,他每次碰到同一个字母时都这么(按照上面的规则)应用方法,所以如果在文本中一个 B 被写成 d,那么下一个 B 就要被写成 e。

举这些例子是想说,这些方法与最开始的那种派生方法相比没有遗失什么关键的东西。而且,很显然我们沿着这个序列越往下走,这些程序就越像是随机的。我们可以想象把这一系列扩展开来,到最后得到的是随机的程序。但是,在随机程序和确实有派生操作的程序之间并没有一条清晰的界线(PI 163)。

维特根斯坦由此得出结论,派生是一个家族相似概念,因而阅读也是。

> 因为(最初的例子)当然是派生的一个特例,但是派生的关键没有隐藏在这个案例的表面之下,而这个"表面"则是派生案例的家族当中的一个特例。
>
> 同样地,我们用"阅读"来表示一个案例家族。而且在不同情况下,我们用不同的标准来衡量一个人是不是在阅读。
> (PI 164)

他说的可能都是对的,但这肯定不是那个例子所表明的。那个例子引出了一系列的例子,其中第一个肯定是派生的例子,最后一个肯定不是。其中的关键在于,每一步似乎都有同样的理由说和它前面那个例子一样属于派生的实例。但这靠的并不是"派生"概念的家族相似性,而是它的模糊性:尽管如此,还是可能存在唯一的特征,使得我们称其为"派生"——它所说的是,如果这样的话,那么这个特征就允许有边界情形。

但即使他已经证明我们所说的"派生"构成一个家族,但这并不足以表明不存在那样一种过程(这正是维特根斯坦想要解释的关于理解的一个论断)。那只能证明很多千差万别的过程可能都属于这一类(见本书 1.2 节对《哲学研究》第 33 节"关注颜色"的讨论)。

事实上,这个例子似乎从两个方面看都是不相干的。维特根斯坦试图说明的另一个关于理解的观点是,我有理由说我已经理解了这个数列,这不是因为任何一种特殊的经验,而是因为我说出它时的特定情境。但是那一系列的例子也没能说明这一点,因为它们都是从第三人称的角度描述的:它们涉及的是我们有理由说别人已经从文本中派生出手稿的情况。因此,即使我们有理由说,通过我说出它时的特定情境,那个学生从文本派生出了(手稿),但是由此无法得出他那样说他自己是否有根据。正如维特根斯坦在其他地方强调的那样(4.2.5),因为第三人称判断可能与第一人称判断的根据很不一样。但维特根斯坦很快就谈到了关于阅读的第一人称观点,所以现在让我们来看看他是怎么说的。

我们是否知道真正阅读一串字母(比如"ＡＢＯＶＥ"这串字母)和看着这些字母并读出它们(比如有的人会讲英语却不认识英文)有何区别?尽管我们似乎(特别是,我们总忍不住设想)不仅知道我们看着相应字母并把它说出来不只是出于巧合,我们还知道前者以某种方式指引着后者(PI 170b),或者用维特根斯坦的话说,有一种因果关系(PI 169a)或因果作用(PI 169c)的感觉。

我们想象自己通过某种感觉而觉察到在词语的外形和我们发出的声音之间有一种类似连接机制的东西。因为当我谈到被影响、因果联系或被指引的体验时,我实际上的意思是:我好像感觉到那个将看见那些字母和念出它们连接起来的杠

杆的运动。(PI 170)

但是我们真有这样的感觉吗?

与我们能感觉到因果关系的观点相反,维特根斯坦写道:

> 因果性显然是通过实验确立的,比如通过观察事件有规律的伴随现象。那么,我怎么能说我能感觉到通过实验确立的东西呢?(PI 169)

如果没有补充的话,这个论证明显让人觉得非常没有说服力。我们可以通过一种程序(一个实验)来证实某个东西,这并不排除我们可以通过别的程序("感觉到"它)来察觉它。我们可以通过某些实验来证实某人的胃不舒服,但是他可以通过别的方式发现这件事——通过感觉。所以,我们当然可以说,你能感觉到某种可以通过实验证实的东西。问题出在哪儿?[14]

让这个论证看起来更有说服力的一个办法是,强调事件有规律的伴随关系。如果从规律性的角度(以及别的很多角度)来解释它是什么,那么因果关系的确立会在时间和空间中产生深远的影响,虽然人们不能感觉到那种程度的东西,而只能感觉到此地此刻事物的样子。所以,人们不能"感觉"到因果联系的确立,因为它是在空间和时间中延伸的,其范围超出了人们的感觉。当然,人们可以看到一些处于遥远时间和地点的事物和事件,比如,群星和日落。但是,这和看到我们设想的两种事件之间的因果关联所牵涉的整个关系网络(过去的和未来的)完全不是一回事。

但如果这个论证就是这样的话,那么它确实没有什么说服力,如果只是因为它似乎混淆了经验的内容和(经验的)原因。事实

---

14　维特根斯坦立即承认,"观察到有规律的伴随现象并不是确定因果关系的唯一方法。"他可能已经记住了罗素在《经验主义的限度》中的讨论。见《哲学事件,1912—1951》第 370 页"因果:直觉意识"中里斯(Rhees)的注释。

上,有种经验可以很容易就具有那种延伸的规律性。我想到的是(例子出现在《关于数学基础的评论》[RFM IV-39]):如果看到"Bismarck"(俾斯麦)这个词的一个实例有八个字母,那么我们还可以看到它的所有实例,无论过去、现在和未来,也无论它们出现在什么地方,都有八个字母。为什么这不能算作"经验到一种规律性"?类似的,当某人大声读出一个生词,为什么这种类型的声音匹配那种类型的印刷图案(这件事)不能算作个人经验的一部分呢?

然而,维特根斯坦有一个更深入和更好的论点来反驳如下这种观点,即一个人有理由说自己是被指引的,是因为他有一种经验,这种经验能将有指引和没有指引区分开来。就像他的许多最好的论证一样,这似乎涉及现象学上的内省。当你观察到这些情形中实际上发生了什么,你就会注意到事实上没有什么经验能充当"指引的经验":

> 在纸上随便画点什么——在它旁边照着再画一个,按照原来那个指引来画。——我想说:"显然,我受到了指引。但是,这里发生的事情有什么特别之处呢?——要是我把发生了什么说出来,我就不会觉得它有什么特别的。"

> 但是,注意这一点:当我受到指引时,一切都那么简单,我没有注意到什么特别的东西,但是在那之后,当我问自己发生了什么,好像无法描述。往后的描述都无法让我满意。好像我不能相信我只是看着,做出如此这般的表情,然后画出一条线。——我还记得发生了什么别的事吗?不……(PI 175)

我认为我们应该把这段话看成:用内省的方式证明不存在"指引的经验"这一经验性结论。这样理解的话,它就像休谟用来反驳关于自我的特殊经验存在的论证那样具有决定性(*Treatise* I.iv.6)。

应该注意到,除了这个非常直接的证明,维特根斯坦心里还有一个更微妙的想法。他说：

> 当我回顾那段经验，我感觉其中最关键的是"受到影响的
> 经验"，感觉到一种关联——与现象具有的单纯的共时性不一
> 样：但与此同时我不愿把任何经验到的现象称为"受到影响的
> 经验"。（因为其中已经蕴含了意愿不是一种现象的观念。）
> （PI 176）

这个论证不只是报告他在内心寻找"因为的经验"并且没有找到，
正如人们一般都不能，比如，在品尝红酒的时候体验到酸味。他实
际上是断定根本不会有那样的经验。

　　但是，为什么没有呢？他在《哲学研究》里并没有说。一个理
由也许是：要"经验到因为"就是经验到规律性，他也许认为——出
于那个已经被批评过的理由——规律的经验是不可能存在的。另
一种思路是：他曾经认为经验和语言描述的内容都是偶然的："我
们看到的东西都有可能不是它实际所是的样子。我们所能描述的
一切都有可能不是它实际所是的样子"（TLP 5.634）。传统的因果
概念包含必然的联系：如果事件 A 是另一个事件 B 的充分理由，那
么不可能 A 发生而 B 不发生。把这两个观点综合起来，我们就可
得出结论："经验到因为"就是经验到一种必然联系，也就是《逻辑
哲学论》早已排除掉的那种经验。

　　不管维特根斯坦心里是不是这样想的，这条思路也会遇到前
人面临的反驳：当你看到"Bismarck"（俾斯麦）这个词有八个字母
时，为什么你不仅没有看到事物如此这般，而且还没有看到它们必
须以某种方式如此这般，从而经验到一种必要的联系和规律？更
不用说因果性和必然联系之间的可疑联系了。但不管怎么说，这
个直接的内省论证对我来说已经证明了《哲学研究》第 176 节想要
说的观点——那就是，不存在"指引的经验"——所以我打算暂时
放下这个问题。

但是,如果没有这样的经验,我们的错误又是从何而来的呢?为什么我们会觉得一定存在那样的经验?维特根斯坦对这个问题的回答听起来很像康德。好像我们把指引的概念强加到一段感觉输入之上,而事实上这个概念并不是从中产生的:

> 我想说"我经验到因为"。不是因为我记得有这样的经验,而是因为当我在回顾那种情形的经验时,我是以"因为"(或者"影响"、"原因"、"关联")这个概念为媒介来回顾它的。( PI 177 )

可是,"通过概念的媒介"来看某物到底是什么意思?

维特根斯坦在这里没有解释,但是我认为他想表达的意思和康德没有关系。相反,"通过概念的媒介来看它"的意思是:未能发现"指引"——在《哲学研究》第 175 节,他还把"影响"以及别的词语跟它并列在一起——表达的是一个家族概念。如果有人认为我们使用"指引"这个概念的所有情形一定都有一个共同的原因,那么他当然必须假定存在一种典型的关于指引的经验,即便我们通常都不记得(有这样的经验)。维特根斯坦的讨论意在削弱那种成见的影响,除了刚刚引用的那个直接论证之外,他还列出了各种能算作指引的活动(PI 172 )。他想达到的结果是我们不仅不再认为指引是一种单一的心理体验,而且我们也摆脱了概念上的偏见,这种偏见曾不由自主地将我们引向那种观点。

但是如此一来,它描述的如果不是你的经验,那么有什么理由断言:某人在阅读,某人从印刷文本派生出手写稿,或者某人理解了数列背后的规律?维特根斯坦没有——虽然他完全可以——用指引的例子来说明这一点。相反,他借助了《哲学研究》第 151 节介绍的例子。回想一下,A 写出一串数字而 B 试图找出其中的规律,即只要给定前面的全部数字就能得出下一个数字的规则。例如,如果 A 写下"1, 2, 3, …",那么那个规则就是每个元素由前面那个元素加一得到。B 凭什么说"我现在懂了"呢？这个回答就是：

> 很明显，我们不应该说 B 有权说"我现在知道怎么继续写下去了"，这只是因为他想到了这个算式——除非经验能够证明在想到（说出来或者写出来）这个算式和实际上续写这个数列之间存在着关联。显然，这样的关联是存在的。（PI 179）

"经验证明"的东西不是一些什么必然联系，而只是统计学上的关联。因为我们经验到在大多数时候，当 B（或其他像他那样的人）具有"想到这个算式"的经验时 [15]，他会正确地将数列延续下去，所以我们有权说 B 有理由说他知道怎么把数列延续下去。

在这里，一个论断的理由不是它描述的内容，而且维特根斯坦也立即阻止人们这样理解他的话。特别是，他随后否认"我现在懂了"和 B 说"我现在经验到：我从经验中得知怎样延续那个数列"是一个意思。因为我们从对"指引"的讨论中看到，就算他心里什么也没想到，他仍然有理由说"我现在知道怎么继续写下去了"（PI 179c）。认为那种情形中 B 说的话描述了心理状态或别的什么东西的看法会让人误入歧途。"有人更愿意称之为'信号'，我们是根据他接下来做的事情来判断这个信号是否用对了"（PI 180）。

从 B 自己的角度来看，他断言的"我现在知道怎么继续写下去了"或者"我现在懂了"也不在任何意义上是由（在他通常说那些

---

15　把"想到这个算式"称为一种经验是不对的吗？维特根斯坦已经表明（见 1.2），没有"注意形状"或"注意颜色"的经验。难道他不能同样地争辩说没有"想到这个算式"吗？——事实上，他似乎赞同一种类似的观点，即当一个人想到一个人时会发生什么（PI 691）。

我认为，在这篇文章中，他必须意指"想到这个算式"来表示一种经验。否则，《哲学研究》第 179 节中所明确提到这样的经验的第四句话将变得无关紧要。我认为，他避免了任何不一致，因为当他在这段"想到这个算式"中说，他只是指，例如，B 有一个算式符号的心理图画（或就此而言，是该符号的"外部"经验）。这将解释他在引文中对"说出来或者写出来"这些词的插入。

话的情形中）他知道自己总是能将数列延续下去而推导出来或得到支持的。因为没有人会这样辩解："过去每次当我想出那个算式时我总能将数列延续下去，所以现在也一定会那样。"如果有的话，比如那个算式出现在 B 心中这样的经验，是他有把握续写数列的原因，而不是其根据（PI 325）。

我们可以用下面的类比来说明这一点。一条狗总是在铃声响起之后能得到食物，而且只有那样，它会很快形成在听到铃声后流口水的习惯。我们可以说它流口水是"有根据的"，不是因为这描述了铃声和食物之间的经验规律性，或者就算因为狗知道却不能说出这种规律性——它可能没有表现出想要食物的其他迹象——而只是因为存在这种规律。与此类似，当 B 和像他一样的人说"我现在搞懂这个数列了"时，他们实际上能够续写数列，这是极其普遍的自然事实，正是由于存在那种规律——不论 B 是否相信——B 的说法才有了根据。

但是这样一来，B 有可能说不出自己为什么能续写数列的理由，那么他真的有理由说自己理解了吗？我认为维特根斯坦会把这个问题视为日常语言进入哲学假期的案例之一（PI 38）。在日常的意义上，即按照"有根据"（justified）这个词的日常用法，B 是有根据的。"好的理由看起来就像这样"（PI 486）。我会在 3.4.3 节回来讨论这一点。

人们还是会认为：当某人突然开始搞懂这个数列时，那并不是刚好在成功地展开之前所发生的事情，就像经验事实那样。相反，整个数列似乎以另一种更为即时的方式被包含在一个人的瞬间理解中。当我们考虑给出一个命令，例如，续写一个数列时，就会产生同样的感觉：好像整个数列不只是像通常那样与某些而非另外一些行为模式相关联，而是以一种更为亲密的方式被包含在那个命令中，或者其背后的任何东西中。毕竟，人们可以命令某人续写一个特定的数列，并指出那个数列，无论他随后是否执行。

"我们——可以说是——感到惊讶的，不是因为某人知道未来，而是因为他能够预言（不论对错）。仿佛仅仅是预言，无论真假，就已经预示着未来……"（PI 461）。正是澄清"预示"的尝试引出了《哲学研究》中最有名且最具争议的内容。

## 3.4　悖论

### 3.4.1　偏差的可能性

让我们回到《哲学研究》第143节的例子（在本书3.2节一开始就介绍了），设想这个学生已经掌握了自然数的序列。让我们把"0，n，2n，…"这个序列写成"+n"，这样"+2"就代表了"0，2，4，6，…"，而"+3"就表示"0，3，6，9，…"。假设这个学生看起来很好地理解了+2序列，因为他在所有的测试中都能正确地写出这个序列的前段。设想：到最后，这个学生在这些测试中（碰巧）从来没有被要求将+2序列（或任何其他序列）扩展到1000以上。

现在我们让他接着把+2写到1000以后，可是他没有写"1000，1002，1004，1006"，而是写了"1000，1004，1008，1012"。那么，我们会说他把数列搞错了。而且，他所做的就是写出了与我们（在给出这个命令时）想要他写的不一样的东西。现在看来，要做到这一点，我们将不得不说，当我们（通过命令）来意指，说（我们）已经预料到所有超过1000的+2序列的元素，不仅仅是1002、1004、1006，还有1866、1868、1870和无数其他在发出命令时我们从未想到过的数，一定有某些事情在发生。

但是命令当中可能完全没有——或者当时我们心里完全没想到——有可能向他表明那一点的东西。如果我们说，"你应该加二，看看你开始怎么弄的！"他可能回答道，"是的，难道不对吗？我以为我就该这么做啊!";如果我们说,"你应该在每一步都做同样的事情!"他可能回答道,"是的,难道我没有在做同样的事情吗?";如果我们给他一张表,其中把每一步与那一步应该写的数字联系在一起,他解读的方式可能会出现偏差(见 PI 86 和 PI 163)从而为他自己的操作提供理由;如果我们在表上加上箭头,他可能还是将其解读为做了同样的事情。"这里,命令似乎开始吞吞吐吐,就好像这些迹象试图以并不可靠的方式唤起(他的)理解"(PI 433)。

这一点可以大大推广。+2 这个序列(或者其他任何序列)中他未曾遇到的任何一步都可以让一个完全理性的人开始出现偏差,后者与那些他偏离的人所接受的训练是完全一样的。可能有学生以"0,3,9,…"作为+3 序列的开始,但是从 57 之后,他写的是"66,75,84",也就是说,他在后面接的是我们应该称为+9 序列的后续。

而且没有理由将这一点限制在数列的范围。同样的偏差可能出现在一个理性人对任何一个词语的任何一次新的应用中。比如,可能有个理性的人所接受的关于"立方体"这个词的用法的训练和我们一样,到目前为止他正是以我们所期待的方式在使用这个词,但是他现在把该词应用到新遇到的三棱柱而不是新遇到的立方体上。

最后,没有理由说偏差一定要从新的应用开始:有人可能把"绿色"这个词用在已经观察到的绿色物体上,而且把它应用到他从此以后观察到的蓝色物体上,包括那些他已经见到并界定为蓝色的物体。(如果那些东西一直就是蓝色的,他会说它们"变成了绿色";而如果物体从绿色变为蓝色,他会说它们在我们说的两种分类阶段"保持绿色不变"。)简而言之,对于任何词语的任何一次使用,那些与我们一同接受训练的人有可能同我们争论这一次使用,不论用法是多么明显。无须表明的是,在我们以往共同的训练中,或者按照我们原来对这个词一致的用法——或者我们都知道的事情——有任何东西会让他承认他"离经叛道的"使用是不对的。

这意味着,我们假设规则或者命令当中以某种特殊方式(即《哲学研究》第179节所描述的"仅仅"统计学上的关联还不足够的方式)包含了未来的使用的做法是错误的。因为如果它确实包含了的话,那么我们应该能够指出其中有什么可以让发生偏差的人承认错误。但是其中没有什么能做到:给定下命令时发生的一切,我们总是可以想象一个理智的学生完全清楚命令是什么,但是他仍然会坚持自己的错误做法。

类似的,一个符号或内心与之伴随的任何现象本身都不具有对我们来说特别亲密的特殊意义。相反,让它成为这个而非那个东西的符号的,是我们通常如何回应它。那就是在这个情况下我以这种方式而非别的方式回应它的根据。

> 让我问这样一个问题:一条规则的表现方式——比如一个路标——会对我的行为产生什么影响?这其中有什么样的关联?嗯,或许是这样的:我已经被训练成以一种特殊的方式对这个标志做出反应,现在我就按照那样做出反应。

> 但那只是给出一种因果关联,只是说明了我们现在按照路标走是怎么发生的,而没有指出按照路标说的走到底是指什么。相反,我已经表明,人们按照路标指示走只是因为存在着路标的常见用法,一种习俗。(PI 198)

维特根斯坦对这些例子的处理将意义和理解是心理状态或事件(而且其中包含了特定的用法)的误解彻底消灭。但是,有一些人认为维特根斯坦想用这些例子来说明更加极端的观点:理解和意义本身是一种幻觉。我现在就来讨论这种解读。

### 3.4.2　意义事实

在我们给出 +2 的命令时,前面描述的那种理性的偏离者可能没有漏掉命令中的任何东西,这一可能性会引出这样的问题:下命令的那个人怎么能成功地表达 +2 序列,而不是别的什么东西? 确实,当他或我(或者你)展开任何一个序列或者遵守某个规则时,在什么意义上能说我们从始至终完全照我们的意思做了? 我们不是更应该拿宣布规则(比如,数列的公式)和空白画布上的画的第一笔来作比较吗? 也就是说,为词语(或其他东西)的使用假定规则或者原来已有的用法,通过它能区别正确的和错误的使用方法,这是徒劳无功的。我们仍然得在每一步做出选择:要不要沿用这种或那种用法。

维特根斯坦似乎肯定会否认一条规则能以这样的方式决定用法。在对比把理解看作一种洞见和把理解看作一种选择的观点时,他写道:

> "那么,你说的可以得出这样的结论:要正确执行' +n '的命令,每一步都需要有一个新的洞见——直觉。"——要正确地执行它! 要怎么判断每一步的正确步骤是什么? ……与其说每一步需要有新的直觉,还不如说每一步都需要做出新的决定。( PI 186)

不久之后,维特根斯坦清楚地表述了那个引起对"决定"的讨论的问题的一般形式:

> 但是,一条规则怎么能告诉我此时该做什么? 按照某种理解,无论我做什么都是遵守规则的。( PI 198)

这就是著名的"规则遵守"悖论,它是克里普克对维特根斯坦那种臭名昭著的解读中最主要的内容。

98

克里普克对这个悖论的论述并不是维特根斯坦实际想要表达的那种观点,它表现的是维特根斯坦的论证激发出来的克里普克的想法(Kripke 1982:5)。但是,(除了其内在的趣味之外)把维特根斯坦自己的思路与之区分开,并对其仔细考察一番,仍然是有价值的。

根据克里普克的表述(pp. 9, 21),我刚刚提到的考虑(关于偏离的用法)会产生一个问题,我应该按照维特根斯坦(而不是克里普克)举的例子来表述:在给出将 +2 序列延续到 1000 以后的命令时,有什么关于我的事实会让命令接受者一直按照它,在 1866 之后写出 1868,或者在 10002 之后写出 10004(或者我在下命令时没有明确提到的其他任何一对数字)?在一段非常犀利的讨论中,克里普克考察并否定了一些备选的事实:关于我的语言训练的事实(pp. 15-16)、关于我倾向于以某种方式做出回应的事实(pp. 22-37)、关于各种理解的相对简单性的事实(pp. 38-9)、关于我内省的心理状态的事实(pp. 41-50),以及关于我心灵的自成一类的事实(pp. 51-4)。他得出结论说,不存在那样的事实。因此,一条规则不能告诉我该做什么,通过规则也不能表达什么意思。这就是克里普克对下面这个著名段落的解读:

> 我们刚才的悖论是这样的:一条规则不能确定任何行动方式,因为我们可以使任何一种行动方式和这条规则相符。刚才的回答是:要是可以使任何行动和规则相符合,那么也就可以使它和规则相矛盾。于是无所谓符合也无所谓矛盾。(PI 201)

99

克里普克认为这就是维特根斯坦的结论,并由此得出一个显而易见而又引人注目的推论。"任何词语都不表达意义。每次新的使用都是在黑暗中跳跃,人们可以从语言中解读出任何意图并由此选择怎么做。所以,无所谓符合也无所谓矛盾"(p. 55)。

所以,当我们说(比如)"在你命令学生写下那个数列的时候,你的意思是+2 那个数列"时,我们并没有说出任何事实。但是,根据克里普克,那并不意味着我们应该彻底放弃这样的说法。相反,我们应该注意到就算那样的句子不描述事实,它仍然具有可断言条件。这些规则(可被推翻)保证它可以在特定条件下被断言。那些条件从根本上讲是相对的:你有权(可被推翻)断言,比如,"琼斯用'+'这个符号表示'加'",如果他(在确实使用了的情形中)对那个符号的使用和你对"+"或"加"的使用一样的话(pp. 89-90)。因此,谈论意义主要是基于一种与常识相悖的比较方式。你和琼斯用同样的方式使用"+",不是因为你们都对它赋予了同样的意义;相反,如果你们基本上以同样的方式使用"+",我们才有权说你们对它赋予了同样的意义。正是在意义归属的这种相对的维度上,克里普克找到了维特根斯坦的私人语言论证的核心(pp. 87-113)。

在评价这种解读前,应该提一下,它对维特根斯坦关于模糊性难题(见 2.2.3 [a][ii])做出的回应提供了一种更加深刻的论述。回想一下那个难题:指导我们使用模糊谓词的规则让我们可能构造一个有穷的对象序列,使这样的谓词显然适用于序列中的第一个对象而不适用于最后一个,并且同时承认这个谓词适用于一个对象当且仅当它适用于序列中相邻的对象。这可以证明那些规则是不融贯的,我认为维特根斯坦可以采取这样一种实用的态度:只要这些规则实际上没有造成矛盾,那么这些模糊概念就不是无法使用的。

克里普克的理解揭示出另一种可能的回应。如果这些"使用谓词"的规则实际上并没有决定特定的用法,那么在我们真的碰到一个真实的连锁序列(Sorites sequence)并且通过连续使用这些规则到出矛盾之前,那些规则当中甚至没有隐含矛盾。所以,决定模糊谓词用法的那些规则和决定其他语言表达的规则都是同样无害的(因为都不起什么作用)。

回到克里普克,我认为显然维特根斯坦不会反对克里普克这样表述他的观点。一个明显的标志就是《哲学研究》第136a节中的这句话:如果像它说的那样"'p'为真"只是"p"的另一种说法,那么"'p'表达一个事实"或"p是一个事实"也是如此。但是,这样一来"他的意思是说+2"与"'他的意思是说+2'是事实"就应该同时成立或不成立,所以一旦我们有权说前者——就算只是符合克里普克的"可断言条件"——就不能否认后者。简而言之,维特根斯坦自己关于真的理论让他必须阻止克里普克去区分:真正陈述事实的断定句和仅仅看起来像陈述事实的句子。[16]

另外请注意,按照克里普克的解读,当某人"理解"一个词语时心中出现的东西和他根据心里的东西随后做了什么事情是不存在冲突的。但是,维特根斯坦恰好否定了这一点。回想他之前讨论某人理解一个词时心里会出现一幅图画的观点。他说:"图画和使用之间有没有可能存在冲突?有可能……"(PI 141c)。而且还有:

> "但是我已经知道,当我下命令的时候,他应该在1000之后写1002。"——当然,你也可以说当时下命令要表达的意思是……(PI 187)

所以,和克里普克不同,维特根斯坦当然没有否认你说出一条规则时,你表达的或想要的是这个而非那个东西,他也没有否认听者的行为——比如,他对那个词的使用或者续写一个数列——可以同命令所表达的意思相符或相悖。而且我们已经看到,让我们(或你)有理由说你是这个意思而不是别的意思的根据在于语言约定俗成的用法。

---

16　克里普克自己对《哲学研究》第136a节的讨论(某种程度上是令人费解的)在 Kripke 1982:86;我也讨论过(Ahmed 2007:142-6)。

### 3.4.3 "非理性的东西"

《哲学研究》第 201 节的第二段介绍了对这种思路的一个反驳，维特根斯坦在那里回应了关于表达意义的可能性的克里普克式怀疑：

> 可以看到，人们对这个事实存在着误解：在我们的论证过程中，我们给出一种又一种的解释，就好像每一个解释都至少在那一瞬间让我们满意了，直到我们想起来它背后还有另外一种解释。这表明，有一种解读规则的方式不属于解释，却在我们称作"遵守规则"或"违反规则"的实际情形中表现出来。

他说的"给出一种又一种的解释"是指人们可以用各种方式来理解那个规则：比如，某人对"+2"的解释可能是"把数列上的每个数字加 2 从而得到下一个数字"。另一种解释可能是"每个小于 1000 的数字加 2 得到下一个数字。大于或等于 1000 的数字加 4 得到下一个数字"。而且我们当然还能想出无数种其他解释。（不要把"解释"的这种用法与《哲学研究》第 34 节中的相混淆。）

但是，我们能想出这些解释并不能表明我们从来没有以确定的方式理解那条规则，或者它从来没有告诉我们该做什么。那个规则确实告诉了我们要做什么，因为我们实际上做的事情是对那条规则的反应。通常，我们事实上对那个规则的反应就是在每个数字上加 2 得到下一个数字，我们事实上会说以其他方式反应的人"违反了规则"，而那就是为什么说那条规则告诉了我们要做这件事而不是别的事情的根据。

我们应该清楚地知道维特根斯坦说"在实际情形中我们称作'遵守规则'和'违反规则'的事情"表达了什么意思，没有表达什么意思。他不是说，在某种情况下你通过一条规则表达的意思完全由你称作"遵守那条规则"的事情所决定，或者由你的目标听众所说的"遵守那条规则"的事情所决定。对前者而言，"+2"不可能表示"卟卟卟"（一个无意义的表达，见 PI p. 16n/18n）；对后者而言，违反规则就是不可能的。

维特根斯坦其实是说，某人掌握了一条规则表现在通常情况下（即有时我自己或其他人这么说，有可能同时都说，但无论怎样都是普通的情景）所说的"遵守那条规则"和"违反那条规则"这一事情上。设想一下，我说出"+2"是想表达，比如，他应该在"1866"之后写"1868"，但是我（或者他）内在或外在的行为都不能确定这一点。（因为我从来没提到过那些数字，而且我从未想到过它们，他也没有。）这样，我想让他在"1866"之后写"1868"的事实就表现为其他人也按照那种方式续写数列。这就是他们说的"遵守规则"的实例，紧接着"1866"之后写"1870"就是他们说的"违反规则"的实例，他们都是在普通情景下说的，比如在教室里面。

你会立即提出反对，当我说"+2"时我的意思不但包含了我曾遇到的数列片段而且包括别人曾遇到过的片段。我的意思也包含了那些我自己或任何人都从未碰到过的片段。比如，当我说"+2"时，我想让他在 10002 之后写 10004，但是就算没有任何人曾经写过或者想过那些数字，我仍然想要表达这个意思，而且即便在那样的情况下，我还是想让他在 10002 之后写出 10004。所以，"在实际情形中我们称作'遵守规则'和'违反规则'的事情"如何能表现我想要通过"+2"所表达的意思呢？

答案是，你可以表现远远超出你明确提到的（或者有任何人曾提到过的）例子以外的事物。我们可以用"等等"或者省略来做到这一点（PI 208g, NB 49）。用案例演示同样也能表现那样的事物。比如，如果我想向某人解释"游戏"这个词，我可能会描述几种游戏，然后补充说"这个东西和类似的东西都叫'游戏'"（PI 69）。这里的"和类似的东西"在解释词语意思的时候就发挥着与"等等"

或"……"同样的功能。或者我可以用例子来跟人解释"同样"这个词的意思。

> 在教别人的时候,我会给他展示同样的颜色、同样的长度、同样的形状,我会让他找到它们并且自己做出同样的东西,等等。比如,我会让他在听到相应命令后按照统一不变的方式继续画装饰图案。——并且延续下去。比如,当给他:.. .. …时他会接上:…. ….. ……。(PI 208)

这段话里描述了用例子来"展示意义"的两种情形:第一种是通过"同样"向学生展示"同样的 F"的例子;第二种是学生通过例子展示来表明他已经懂得了那个意思。所以,正是在这种以及类似的意义上,人们表达的意思可以通过"在实际情形中我们称作'遵守规则'和'违反规则'的事情来表现"。

但是这样"表现"你所表达的意思难道不会丢掉一些东西吗?让我们设想一下,到目前为止还没有人亲自考虑过 +2 数列中"1866"后面是哪个数。但是当你给出"+2"的命令时,你当然想让学生在"1866"之后写出"1868"。维特根斯坦说,那是我们关于实际情形的判断所"表现"的内容,它不是通过你提到的那个特例,而是通过你提到的其他例子来表现的。比如,你在"996"后面写出"998",或者你在"210"后面写出"212",等等。但令人不满的是:你怎么可以用你说到的其他例子来表现你想说的这个意思呢?就像文中的对话者所说的,"你真的跟别人解释清楚你自己的理解了吗?你难道不是让他猜其中关键的内容吗?你给了他一些例子,但是他必须猜测其中的大意,猜测你的意图"(PI 210)。

对这个反驳的回应是先将它推广开。因为如果这个反驳成立的话,它所能应用的就不只是某人心中应该想着超出他曾经提到、

写下或者以其他方式(仅对他自己)明确的数列片段的范围的情
形。[17] 假设,比如,你不知怎么地将整个 +2 数列以可以阅读的方式 104
写了下来,这样读到它的人就不可能怀疑你心里想到了"1866"后
面应该是"1868"。但是你的学生仍然得像原来那样做出很多猜
测。因为他还同样需要从你的手稿中猜测"投影的方式"来得到他
自己的:要经过什么样的转换才能认为他写的东西和你写的东西
一样——是你写的那些数字,还是要把你写的第一个数字加 0,第
二个数字加 2,第三个数字加 4……?

　　这是错误的。我们错在使用了"表现某人的意思"的一种极其
糟糕的解释。反对者主张的是,为了表现我的意思,我必须排除所
有可能的替代理解,因为不然的话,听我说话的人就得在不同的理
解中猜测。但是,根据维特根斯坦所说的,实际上这里消除的不是
人们的猜测。从《哲学研究》第 210 节所引用的那段话之后还
说道:

> 　　任何我能给自己的说明,我也都给他了。——"他猜测我
> 的意图"的意思就会是:他心中会对我的说明有不同的解释,
> 他注意到其中一种解释。所以,在那种情形下,他可以提问,
> 而我可以而且应该回答他。

这里的"解释"具有《哲学研究》第 201 节所推荐的那种意义,也就
是"把规则的一种表达换成另一种表达"。所以,说某人猜测你的
意思就是指他心中实际上对你可能想要表达的规则出现了各种不
同的描述。尽管有无数种续写数列的方式与你向他展示的例子
(会永远成立)相容,但是除非他心里出现了许多种方法并且要从
中选择,否则他就没有猜测。所以,如果事实上他心里没有出现什
么解释,如果相反他只是按照你希望的那样延续了数列,那么他根

---

17　例如,它适用于人们对 ABC 的知识(PI 149)。

本不必猜测。

　　这个意义上的"猜测"几乎肯定保留着这个词在日常用法中的一些东西,而在《哲学研究》第210节中,对话者更加"哲学的"用法似乎将其抛弃了,那就是这样一种直觉:当日常情景中学生通过例子学习时他并不是在猜答案。在这种情形下,我们的语言进入了维特根斯坦说的假期(PI 38)。我们感觉自己令人惊喜地发现,人们只能猜测别人的意思。但是那并不是"猜测"这个词的日常用法。

　　可是,尽管脱离了"猜测"一词的直觉外延,但在《哲学研究》第210节中,对话者对它的使用却合法地突出了它的直觉内涵。这是指这样的想法:如果某人不是通过理性的过程得出结论,那么他就是猜出来的。很多这样的学习情景都可以被合理地描述为猜测。比如,假定让学生延续+2数列,而从来没有人把这个数列延续到1866以后。那如何解释他现在在"1866"之后写的是"1868"而不是"1870"呢? 他找不出任何根据,他说不出把你的教学作为他写出"1868"的原因而不是写出"1870"的原因。

　　不论我们认为那个学生在那样的情形中有没有"猜测",都不会取得任何收获。真正重要的是维特根斯坦所确认的:我们最终会把理由用完。而且他努力(非常明智地)淡化其实践意义。

> 他如何能知道该怎样独立地按照规律将数列延续下去,不论你给了他怎样的讲解? ——嗯,我怎么会知道? ——如果你的意思是"我有理由吗?"答案就是:我的理由很快就没有了。接下来,我会行动,没有理由。(PI 211)
>
> 当我害怕的一个人命令我把这个数列延续下去的时候,我会迅速地、非常有把握地采取行动,缺乏根据完全困扰不到我。(PI 212)

对这一点反应过度当然是可能的,学生没有理由假定你想要让他

（比如）在"1866"之后写"1868"。这种过度反应是考虑到我们应该对继续执行任何命令保持怀疑或犹豫，因为我们没有任何理由按照这种而非那种方式继续执行。但这是错误的：没有理由做 A 而不做 B，反之亦然，这并不是两件事都不做的理由。"没有根据地使用一个词语（或按照规律延续数列）并不意味着没有权利使用它"（PI 289）。我们实际上也并不怀疑，至少大部分时间没有，因为这种说法是不对的："因为我们可能想象出一种质疑，所以我们有疑问"（PI 84）。[18]

在这个相对比较令人放心的实践的观点之后，隐藏着一个令人不安的关于人性的真相。因为，如果《哲学研究》第 210—212 节的大意正确的话，那么我对别人的理解与其说是理性的，还不如说是非理性的（animal）或本能的反应。事实是，那个学生和其他说英语的人，都倾向于在续写"+2"时把 1868 写在 1866 之后，并且把其他的续写都当作错误的。

> 如果我已经用尽了理由，就像挖到了河床的石头，铁锹都被挖卷刃了。那么我宁愿说："反正我就是这么做的。"（PI 217）

> 当我遵守规则时，我没有挑三拣四、讨价还价。我只是盲目地遵从它。（PI 219）

这种观点特别让人不安的是，它似乎会把本能的因素带到理性的范本中：延续数列。但那绝不是质疑我们对这种延续的信心，而是指出它不是从某种合乎理性的理解中产生的，而是属于盲目行为。

> 我想把它看成超出了理性辩护范围之外的东西，在某种程度上，属于非理性的东西。（OC 359）

---

18　他对其他形式的怀疑持类似的态度，例如，关于他心（PI 284，288-9，303）、归纳法（PI 472）和外部世界（OC 369-71）。

106

自然主义哲学将我们人类看作诸多动物当中的一种,而不是被理性赋予了特殊洞见的特殊存在。这是非常重要而普遍的事实,具有伦理学、政治学以及形而上学意义。在《哲学研究》中,维特根斯坦最大的成就在于,他证明了非理性渗透得多么深。

107

## 第4节 私人性

《哲学研究》在处理了规则遵守、意义和理解之后,是关于感觉和感觉性语言的同样微妙而敏锐的讨论。

引起这个话题的部分兴趣来自这一事实:感觉的状态和过程——牙疼、后像、运动感觉等——早已在传统哲学中展现出很多问题。它们是否等同或者可以被还原为物理的状态或过程?一个人怎么能知道别人有感觉?就算他知道别人也有感觉,他怎么知道别人的感觉和他的相似?就此而言,怎样解释他对自己感觉的判断有特别的确定性?"拥有"一种感觉是指什么?维特根斯坦并没有直接谈到所有这些问题。但是他给了我们许多理由去质疑:它们看似展示出的这些问题是否真实。

还有一部分兴趣在于很多哲学家都把感觉置于语言的基础地位上。比如,我们看到洛克认为词语主要是表达个体私人的"观念"(idea),在这个语境中,我们对"观念"比较合理的理解是"感觉印象"。我们确实看到,从洛克的那个思想出发,我们可以提出一种针对《哲学研究》第1节"出门买东西"案例(本书1.1节)之结论的反驳(仍未得到回应)。因为人们可能会认为那个例子并没有证明"五个"、"红"、"苹果"这些词的用法有多么不同,其理由是如果我们从更广的角度来看这个例子,考虑内心状态在其中发挥的作用,我们就会看到它们的用法比表面上看到的更具有统一性。而且在维特根斯坦那个时代,逻辑实证主义者早就认为,一个人可以

（Carnap 2003：s61）或者必须（Ayer 1971：ch. 2）把有意义的陈述分析为关于自己直接感觉状态的陈述。

感觉状态要发挥出这些哲学家设想它们应该发挥的作用，其所有者就必须有可能说出它们，而不需要关于外在的或身体的标准的知识（第三人称的感觉归属通常依赖于此），无论是否有这样的标准，这一点都必须是可能的。如果一种语言的所有者不依靠任何这样的标准来指称各种感觉，这样的语言在文献中被称为私人语言。我们首先来看维特根斯坦给出的两个反对私人语言可能性的论证。

最终，私人的感觉状态似乎对维特根斯坦自己关于意义和理解的某些表述构成反例。我们已经看到，（比如）在立方体的图画出现在你眼前时，你的意识当中不需要出现任何东西来排除预期之外的"立方体"的理解，立方体图画的出现因而也没有将某种特殊的用法强加给你（PI 140）。相反，立方体的图画约定俗成地具有这些而非那些用法，这一事实为我们把这个事件叫作"一种用法在心中的呈现"的做法提供了辩护（PI 141c，见 PI 179，198）。

但是，让我们考虑一下内在感觉状态的情形。假设在某种情境之下，我决定用"S"这个词来指代和这种感觉同类型的其他感觉——我在这里聚焦的是某种特殊的感觉，比如我刚刚注意到的一块特定的红色的经验。这样一来，我似乎（至少在原则上）可以在"S"这个词和那块红色之间建立一种关联，使得每当我说"S"时那块红色的印象就会呈现在我眼前。难道就不能有某个意识事件——我们可以称之为"私人直指定义"——给我"强加了一种用法"吗？也许我们实际使用的颜色词语就是那样获得意义的。"当他听到'红'时，他怎么知道该选哪种颜色？——很简单：他只要选出听到这个词时其印象出现他心里的那种颜色就可以了"（PI 239）。

所以,私人直指定义似乎将一个词语的用法放到你的心中,而没有使用这个(你正集中注意力注视的)印象的其他任何规律性。我们要考察的第一个论证就是针对这种定义的可能性所提出的反驳。

## 4.1　私人语言

### 4.1.1　准备工作

维特根斯坦在下面的段落中先陈述了自己的目标:

> 一个人可以鼓励自己,给自己下命令,听从、责怪和惩罚自己,他可以问自己问题并回答它。我们甚至可以想象只会自言自语的人类……
>
> 但是,我们不是也能想象这样一种语言吗? 一个人可以为了他私人的使用而借助它写下或者在口头表达自己的内在经验——感觉、情绪以及其他的一切。……这种语言的单词指称的都是只有说这种语言的那个人才知道的东西,即指称他直接的私人的感觉。所以,别人不可能理解这种语言。(PI 243)

这段话实际上将两种不同的性质混为一谈,语言可以拥有它们而且它们都能为"私人性"的称谓提供理由,但是我们感兴趣的只是其中一种性质。特别是,倒数第二个句子说这种语言的单词(a)指称的都是只有说这种语言的那个人才知道的东西。而最后一个句子说这些单词(b)只有使用这种语言的那个人才能理解。不仅如此,而且性质(b)是性质(a)的一个结果。让我们把具有性质(a)的语言叫作有认知特权的语言,而称具有性质(b)的语言为个人特有的语言。

爱德华·克雷格（Edward Craig）已经十分令人信服地证明（Craig 1997），一种语言可以在有认知特权的同时不是个人特有的（所以维特根斯坦最后那个"所以"就不成立了）。设想要让别人理解一种有认知特权的语言，只要让他具有关于那些词语意义的真信念就可以了：不需要达到知识的程度。想象一下，鲍比用"apple"来指苹果，而他哥哥强尼，和他嗓音完全一样，说的是英语的一个变种，其中"apple"指的是番茄。他们两兄弟其中之一给我打电话，没有自报姓名，让我给他带"五个红苹果"（five red apples）回来，然后他把电话挂了。我不知道电话里听到的那个"apple"指的是苹果还是番茄，但是，我猜应该是指苹果，而且我碰巧猜对了。在这个情况下，说我（虽然并不知道跟我说话的人到底是什么意思）理解了那个指令应该没错。说那个给我下指令的人在这个情境中与我成功地发生了交流应该也没错。

这样，人们一般就算不知道对方实际的意思，也可能理解他所说的话，所以，没有理由认为有认知特权的语言也必须是个人特有的语言。这对于手头这个特殊的例子也成立。比如，如果我不知道或者不可能知道你说的"红"指的是我说的"蓝"（见洛克那个著名的例子，*Essay* II.xxxii.15），只要我能猜对就足以达到交流的目的。所以，在手头这个例子中，两个标准是独立的——无论如何，认知特权并不蕴含个人特有。

维特根斯坦随后对他的目标给出第三种界定：他说自己关注的是这样一种语言，其词项指称的是完全没有自然的外在（即行为的或其他身体性的）表现的——别人能通过它们判断是否出现了——状态或事件。这是他在我将要考察的第一个论证前面说的（PI 256）。例如，麻木不能成为这种私人语言的词项所指称的对象，因为其拥有特殊的原因（例如，久坐不动）；恶心也不能，因为它有特殊的结果（例如，呕吐）；牙疼也不能，因为它既有特殊的原因

（例如，坏牙）也有特殊的结果（例如，捂着脸颊不放）。

另一方面，如果你认为（就像任何一个洛克主义者应该的那样[19]）我们不能通过外在迹象去判断某人是否麻木、恶心等，那么你就会允许维特根斯坦的目标语言（按照第三种界定）的词项指称麻木、恶心和牙疼。你也许会认为英语或其中的一小部分是第三种意义上的私人语言，其中实际上也包括麻木、恶心和牙疼。所以，反对第三种私人语言的论证同样也是反对英语的洛克式理解的论证。

所以，有三种不同的语言可以被看作维特根斯坦的目标：（a）其词项指称的东西只有说那种语言的人才知道；（b）其词项只有说那种语言的人才能理解；（c）其词项指称的是没有任何外在表现的感觉状态和过程，别的任何人都不能借助外在表现判断它们是否出现。我会认为维特根斯坦反对的目标是（c）类语言，因为那样会让他说的话得到最有趣的解读。

111　　### 4.1.2　日记里的"S"

《哲学研究》第 258 节中的第一个论证大体是这样的：

> 让我们想象这样的情形。我想要记一本日记，其中记录某种感觉的出现。为了这个目的，我将那种感觉与"S"这个符号关联起来，而且每当我出现这种感觉的日子就在日历上写下这个符号。——我首先要说的是，这个符号的定义无法被表述。——但是我仍为自己给出了一种直指定义。——怎样给？我能指向感觉吗？在通常的意义上是不可以的。但是，

---

19　洛克本人在这方面还没有成为一个理想的洛克主义者。在《人类理解论》（*Essay* II.XXXI.15）中，他说，有很多理由认为其他人和我一样有着相同的色彩感觉。例如，当我们看到一朵万寿菊时："不过，那是我目前的事以外的事，我就不拿它们来打扰我的读者了。"

我说出或写下这个符号,同时我将注意力集中在那种感觉上——这样,也可以说我在内心指向了它。——但是,这样一种命名仪式有什么目的呢?似乎没有什么别的用处。定义的作用当然是确立符号的意义。——嗯,正是通过我集中注意力做到了这一点,因为我在内心铭记了这个符号和这个感觉的关联。——可是"我在内心铭记"的意思只可能是:这个过程让我在未来也能正确地记住。但是在现在这个情形中,我没有一个判断正确与否的标准。有人想说:只要是在我看来正确的东西就是正确的。而那只能意味着我们在这里不能谈论"正确"。

尽管对这段详细的解读还存在争议,但是其目标和大意还是相当明确的。

　引用的这一小段不是很明确,但是根据它前面的几节就可以非常清楚地看到,维特根斯坦这里攻击的观点是:人们可以通过直指的方式定义我所说的那种私人语言的词项。也就是说,"S"应该指称一种没有自然的外在表现的感觉。[20] 所以,这一小段的目的在于证明人们不能通过私人的直指定义来确立私人语言的符号的意义——即指称。证明这一点也许证明不了私人语言是不可能的,但是如何能习得这种语言的词语的方式也变得很不明朗。这样,人们就很难会接受这种洛克式的观点——像英语这样的自然语言当中有一块私人的部分。它还可以反驳我在第 4 节引言末尾提到的假想反例。私人直指定义应该向使用者展示,一个词的用法与

112

---

20　例如,在《哲学研究》第 256 节,他写道:"但假设我对这种感觉没有任何自然的表达,而是只有这种感觉? 现在我只是把名字和感觉联系起来,用这些名字来描述。"在《哲学研究》第 257 节,他写道:"如果人类没有表现出任何外在的疼痛迹象(没有呻吟、鬼脸等),会是什么样子? 那么就不可能教一个孩子使用'牙痛'这个词了。——好吧,让我们假设这孩子是一个天才,他自己为这个感觉发明了一个名字!"

关联印象的用法当中任何规律性都无关。因此,它将对维特根斯坦的观点——某种东西在某个场合下被表达的方式取决于其习惯用法——构成反例。如果反例成立的话,我们现在考虑的论证就可以证明:私人直指定义最终还是无法赋予"S"这个词任何意义。

这个论证的大体脉络也很清晰,可以如下表述。这位私人日记作者希望引入一个词"S"来表达他现在正具有的这种感受。他试图用直指定义来做到这一点。但是直指定义不只是在你想要命名的那种感觉出现的情况下说出被定义的"S"就可以了。说"S"的同时把注意力集中在那种感觉之上也不够。真正需要补充的是,这一定义能让日记作者准确无误地记住那种联系——"符号和感觉之间的联系"。但是,一个私人的直指定义不能实现这一点,因为它没有为我正确使用"S"提供标准。因此,设想的私人直指定义根本不是"S"的定义,而只是一个没用的仪式。

但是,我们无法在尚未审视其细节的情况下就评判这样概括的论证是否达到了其目的。而关于那些细节,还存在着很多不同的解读。要确定这些解读中哪一个才是维特根斯坦心里所想的,这超出了本书的讨论范围,即便我能够做到的话。因此,我将仅仅介绍关于这个论证的三种主流解读,并就其作为论证的合理性加以说明。

考虑《哲学研究》第258节的细节,会很自然地引出下面五个问题:

（a）"准确地记得那种联系"是什么意思?

（b）为什么成功的直指定义一定要让你准确地记得那种联系?

（c）"正确的标准"是什么?

（d）成功的定义为什么一定要提供一个正确的标准?

（e）为什么私人直指定义不能满足条件（b）以及/或者条件（d）?

我接下来要考虑的三种解读可以大体上这样刻画:(ⅰ)证实论(verificationism)——如果你把一种感觉命名为"S",你就得指出它再次出现的证据,而那位私人语言学家做不到这一点;(ⅱ)意义核实(meaning-check)——如果你把一种感觉命名为"S",那么你必须确定一种方法来核实你以后用"S"表达的是什么意思,而那位私人语言学家做不到这一点;(ⅲ)类别论(sortalism)——如果你把一种感觉命名为"S",你必须确定你命名为"S"的东西是什么类型,而那位私人语言学家做不到这一点。接下来让我们一一考察这三种解读。

(ⅰ)证实论。根据对《哲学研究》第258节的这种解读,对(a)—(e)五个问题的回答是这样的。(a)"准确地记得那种联系"就是日记作者在体验到他最初命名"S"时的那种感觉的日子在日记里写下"S"。(b)成功的直指定义一定要让人准确地记得那种联系,因为如果有人以很不一样的方式使用"S",那么他就没有在符号和感觉之间建立起联系。(c)正确的标准就是验证(更一般地,检查是否)某人正在体验的感觉被正确地称为"S",也就是当初定义的同一感觉类型。(d)正确的标准是必要的,因为为了在使用"S"时与定义保持一致,就像(b)要求的那样,某人必须能判断自己是否那样做了。(e)私人直指定义不能满足条件(d),从而也不满足条件(b),因为在私人的情形中,某人没有办法检查他是否在使用"S"这个词时与其定义保持一致。

所有这些因素都清楚地体现在诺曼·马尔科姆(Norman Malcolm)对这种解读的最佳陈述中。他写道,想象一个"疼"的私人直指定义:

> 让我们假设:当我对自己说出"疼"这个词时,我确实把注意力集中在了疼痛上。我认为由此我在这个词和那个感觉之间建立了一种联系。但如果后来我把这个词应用于疼痛以外

114

　　的感觉或不是感觉的事物,例如情绪,那么我就没有建立起联系。只要它能让我在未来正确地使用这个词,我的私人定义就是成功的。在这个例子中,"正确"的意思是"与我自己的定义保持一致"……现在如何判定我是否一如既往地使用这个词?我确实一如既往地使用它和我认为自己在一如既往地使用它有什么区别?或者说这种区别消失了?"只要是在我看来正确的东西就是正确的。而那只能意味着我们在这里不能谈论'正确'"。( Malcolm 1954:68)

那段话把(a)—(d)这四点都说出来了。而对于最后一点(e),马尔科姆的看法是:一个人不能仅仅根据自己的印象——自己是这样做的——来证实自己正确地使用了"S"。相反,人们必须对这种印象本身进行一些独立的核实。而且我不能对照着另一种印象来核实,因为那不是独立的核实。"就好像有人要买好几份早报才能确认报上说的东西都是真的"( PI 265,引自 Malcolm 1954:68)。但是,在讨论私人感觉的情况下,就不存在进一步核实,因为没有外部的 S 迹象(例如常见的身体原因或行为结果)来让人确认或否定自己当前正在产生的印象。

　　但首先,(d)是否合理?为什么我们不能说:按照与定义一致的方式使用一个语言表达是一回事,而知道自己这样做又是另一回事?为什么没有后者,前者就不能发生?下面这个由斯特劳森提出的例子说明了它可能如何发生:

　　(一个人)可能只是被重现的某种感觉所打动,并且养成了每次它出现时就在不同的地方留下某个记号的习惯。做记号可以帮助他清楚地记得这次出现。我们可以很容易想象这个过程演变成一个标记日期的体系。( Strawson 1954:44)

或者,一个孩子可以被训练——或者,我们也可以想象,可以神奇

地获得一种习惯倾向——在感觉热的时候就发出"S"的读音,我们 115
可以把这种行为看作一种原始的报告——就像温度计的行为被认
为是一种原始的温度报告一样。在这个故事中,没有任何东西要
求那个孩子有办法核实他自己现在报告的感觉类型和我们一开始
用"S"所关联的那种感觉一样,但是,为什么我们不能称之为"报
告"?

马尔科姆针对斯特劳森的例子回应到:仅仅是在(比如)有一
头奶牛出现在眼前时发出一个声音,那甚至不能把那个声音变成
一个词语,更不用说是用来表示奶牛的词语了。

> 那个声音可能指称了某种东西或什么都不指称。必不可
> 少的是它要在各种活动中起到一定的作用,比如在招呼、唤
> 回、统计奶牛时,区别奶牛和其他事物,以及在区别奶牛的图
> 像与其他事物的图像中起到一定的作用。如果那个声音在这
> 样的活动("语言游戏")中没有固定的位置,那么它就不是表
> 示奶牛的词语。(Malcolm 1954:96)

但是,为什么一个词或一个声音必须在马尔科姆提到的所有活动
中发挥作用——或者就这一点而言,在其中任何一个活动中发挥
作用?为什么斯特劳森对"S"用法的轻描淡写的描述不足以说明
"S"如何能属于"报告某人的感觉"的语言游戏?再考虑一下《哲
学研究》第 2 节中非常简单的建造工人的语言游戏。说"石柱"在
那个语言中是表示石柱的名称并没有错(见 PI 37)。所以在看到
他需要的石板时,A 会习惯性地说"石板!",而 B 在听到 A 说的话
时会习惯性地把石板取来,这样就可以让"石板"成为表示石板的
名称,那么,为什么在 S 出现的时候仅仅说出"S"就不能那样呢?
人们可以认为(只要他愿意)这种用法过于简单而不能算作我们成
熟的语言游戏的"报告",但是如果人们坚持认为它根本不能算作
报告,那么他们就必须围绕报告的概念划出一条清晰的界限,这是

反对维特根斯坦的人不会接受的。[21]

　　我们也不清楚是否应该接受那个证实论观点(e)。任何可以公开观察的事件都不能作为一个独立的检查来验证某人是否又有了S,这与下面的说法是两回事:没有任何事物可以扮演这个角色。为什么一个人不能对照其他私人性的事件来核实自己的印象呢?

116　例如,可能是当我在过去有感觉S的时候,我也同时有感觉T。因此,在以后出现T的场合也可以证实我的印象:(在那个场合中)我现在拥有的感觉就是S,而在一个不出现T的场合可以让我否定我在那个场合中感觉到S的印象。

　　为马尔科姆辩护的人会立即回应到,同样的问题对于T也会出现:在任何一种情况下,我该如何确认我当时正感觉到T的印象?(见PI 265:"两次核实同一份报纸"。)我现在不能诉诸第三种私人事件,因为那将导致无限倒退,而且我不能诉诸S本身,因为那将导致循环论证。所以,我将不得不诉诸T的某个可以公开观察的相关物,而这一策略也只能稍稍推迟马尔科姆的胜利罢了。

---

[21]　在这一点上,还有两个反对意见可能适用。

　　第一个是,仅仅在奶牛(可见)出现的情况下说"奶牛"不足以使"奶牛"表示奶牛,因为它面临着一个不确定的问题:在奶牛可见的情况下说"奶牛"就是在奶牛的表面可见的情况下说"奶牛"。那么,是什么使得"奶牛"指的是奶牛,而不是它们的表面? 我的回答是,每一个语言游戏,无论多么复杂,都面临着同样毁灭性的不确定问题。私人日记作者在这里没有特别的困难。

　　第二个反对意见针对我的主张,如果一个人像建造工人一样从事一个简单的语言游戏,并能够为她的乐器取名,那么私人日记作者也可以。据称,建造工人和私人日记作者之间的区别在于B对"石板"有其他反应,而不仅仅是机械地提取一块石板。比如,如果B在附近看不到任何类似石板的东西,她可能会摇头;如果她看到了(比如)可能是石板也可能是石柱的东西,她会耸耸肩。

　　但是没有理由让私人日记作者不去玩一个同样复杂的语言游戏。比如,他某几天里可能会在自己的日记条目中写上"S",但在那些日子里他肯定没有S。或许类型的边界是不确定的,他的行为就像那些使用内在样本的人(《哲学研究》第73节所描述的)一样。在这种情况下,他可以(比如)在日记里写下"S?"来描述他经历边界情形的日子。

但这一回应的困难在于,为了使 T 成为对 S 的独立核实,它假定我必须对 T 本身有一种独立核实。如果这一假设是真的,私人语言的不可用性将会是我遇到的最小的问题:因为它同样适用于公共世界。我似乎记得"书桌"这个词适用于我面前的这个物体,但我怎么核实呢?嗯,我知道书桌有一个平顶和四条腿。但我如何核实我是否正确地将"平"应用于我前面的对象?"嗯,书桌通常是平的,我面前的是一张书桌,所以……"那样就成了循环论证。所以我必须诉诸第三个东西,而那样又会导致无限倒退。这个反驳的提出者艾耶尔总结道:

> 除非存在可以让人们识别出来的东西,否则任何检验都完成不了:任何符号的使用都得不到辩护。(Ayer 1954:256)[22]

而且这一点对我们语言的私人部分和公共部分都是适用的。

(ii)意义核实。第二种解读对之前那五个问题给出如下回答。(a)"准确地记得那种联系"就是记得在"S"的定义中出现的那种感觉。(b)一定要准确地记得那种联系,因为一个人为了用"S"表示 S,他就必须知道"S"的意思,除非记住"S"的定义,否则他就不知道"S"表示什么意思。(c)正确的标准就是检查一个人是否记得"S"的定义的方法。(d)正确的标准是必要的,因为没有它人们就不记得它的定义。因此,根据(b)可以得出,那个人不知道"S"是什么意思。(e)在私人的例子中,一个人不能检查他自己对那个定义的记忆,因为他没有任何东西可以与之比较。

意义核实和证实论的解读之间的主要区别在于问题(a),它们之间的其他所有区别都可以从中得出。这个区别就是,意义核实者的回答对证实论的回答来说是必要的,但是还不充分:为了在某

22　也见 Blackburn 1984:299-300。

个场合使用"S"时与定义保持一致,你就必须能记住那个定义,但是,一个人可以准确地记得那个定义而没有正确地使用"S",因为他可能会选择写一些有误导性的东西或者什么也不写(Kenny 1975:192;Canfield 2001:384)。

因此,意义核实者对问题(b)的回答也不同于证实论者的回答。但它至少是同样不合理的。它依赖于一种非常普遍然而错误的做法:把"理解'S'"等同于"知道'S'的意义"。我们已经看到(4.1.1),在多人的例子中,我们可以对那种联系施加压力:为了理解别人的意思,我不需要知道他的意思,而只需要对此有一个真信念就行了。同样的观点也适用于个人内部的情况:只要我猜对我对"S"的定义,我就足以理解它的意义了。

或者,关于我要表达的意思的真信念可能是因果过程的结果。至少根据一定的外部主义的知识概念看待我们关于过去的知识,其可靠性足以让那个信念成为一种知识。那不会成为(b)的反例,而会是(d)的反例。所以,提出"意义核实"解读的肯尼写道:

> 接下来假设,那位私人语言的使用者说:"我用'S'表示我曾经用'S'命名的那种感觉。"因为他已经没有了过去的感觉,他就必须依靠记忆:他必须能唤起 S 的一个记忆样本,并拿它与当前的感觉作比较,看两者是否相似。但是,他当然得唤起正确的回忆。他可不可能唤起错误的回忆?如果不可能,那么无论他回忆起什么与"S"有关的东西,那都是"S"的意义,而且……只要是在他看来正确的东西就是正确的。如果是这样的话,那么他实际上根本不知道他自己是什么意思。(Kenny 1975:192)

当然,人们可能会记错曾经被命名为"S"的那种感觉。但是,为什么出错的可能性会排除知识的现实性呢?——"好像每个疑问都只是把基础中早就存在的裂缝给揭露出来"(PI 87)。毕竟,如果有人认为知识是某种可靠的、不可核查的过程可以产生出来的,那么人们当然还准确地记得那个定义,从而知道它是什么,不论他能否检查自己的记忆。如果这位意义核实者坚持认为"知识"这个词有这样的意思,从而使得"知识需要独立的核查"是分析性的,那么我们就回到原来那个针对(b)的反驳。

(iii)类别论。证实论和意义核实的解读都理所当然地认为,这个论证基本上是认识论的:妨碍私人日记的作者表达某个意思的是他不能知道某些事情——例如,"S"在当前情况下是否得到正确的使用。第三种解释否定了这一假设。相反,人们认为这个论证揭示了:私人日记作者的操作中有一个更基本的缺陷。不是他不能知道什么,而是根本就没有什么东西让他知道。更准确地说,他用私人直指定义来定义"S"这个符号时,没能明确它的正确用法,不管他后来是否知道。即便上帝窥视了这位私人语言学家的思想,他从中也看不出来"S"这个符号应该表示什么意思(见 PI p. 185/217)。其原因在于,在那个私人直指定义未能确定 S 初次出现所属的多种类型中,他打算用"S"表示的东西到底是哪个类型或类别。

根据我们提出的五个问题,类别论的理解可以这样被刻画。(a)"准确地记得那种联系"就是以后使用"S"与初次定义确定的正确用法保持一致。(b)不能满足这一点的定义就不能确立这个符号的意义。(c)正确的标准不是让日记作者能说出正确用法的手段,而是使得这种而非那种用法正确的东西。(d)一个成功的定义必须提供这样一个标准,否则符号"S"的使用就没有对错之分。(e)但这在私人的情形中是不可能发生的,因为说"S"的同时仅仅集中注意力于 S 并不能使随后的某种用法比别的用法更正确,因为它没有明确"S"应该表示什么类型的事物。

在类别论最清楚和最有趣的两个陈述中——由麦金(McGinn

119

1997：131-4)和斯特劳德(Stroud 2001)提出：更简要的论述可参见
Glock 1996：312——(a)和(b)非常简短或只是隐含的,但这并不
重要,因为所有的工作都是由(c)—(e)完成的。斯特劳德写道：

> 说话者(在《哲学研究》第258节中)被想象为给自己一个
> "直指定义",通过让自己铭记某个符号和他说出或写下那个
> 符号时的感觉之间的"联系"来"确立"那个符号的意义……
> 这一联系被设想为能确定未来该如何正确使用那个符号。但
> 是一个词语可以通过许多不同的方式与同一个事物发生"联
> 系"。说"在当前情况下,我没有正确的标准",就是注意到目
> 前为止,还没有采取任何措施来确定这个符号未来的哪些使
> 用是正确的,哪些不是。(Stroud 2001:154)

在对"正确的标准"的解释上,他继续说道：

> 说没有"正确的标准"不仅是说,没有任何测试方法能让
> 他知道自己对那个符号的使用是正确的,而且也是说,到目前
> 为止还没有确定任何这样的测试要检测的东西是什么。还没
> 有采取任何措施来确定什么是或将会是正确的。(Stroud
> 2001:154)

关于"S"未来的使用究竟有什么尚未确定的这个问题,他写道："符
号的'整体作用'还没有明确。到目前为止,它还没有'驻扎'的
'岗位'。它只是在某个特定场合下书写的记号或发出的声音"
(Stroud 2001:154)。

　　最后一句话中的"岗位"和"驻扎"是在《哲学研究》第257节
中出现的比喻,这本身就是把对《哲学研究》第28—35节对直指定
义(在本书1.2讨论过)的讨论应用到对(自然语言的)私人部分。
在那里,维特根斯坦争辩说,人们不能为一种颜色、一个数字、一个
罗盘上的点等引入一个名字,除非人们事先把某个东西作为某一

类事物的名称引入。但是,凭什么说私人语言学家为包含 S 的"感觉类型"(而不是其他类型)引入了名字?"因为'感觉'是我们通用语言中的词语,不是只有我一个人能理解的词语,所以这个词语的用法需要一个大家都能理解的根据"(PI 261)。

尽管如此,还是不清楚这个版本的论证给私人日记作者带来了什么逻辑或概念上的困难。特别是,目前还不清楚有什么理由接受(e)。令那位日记作者在某种感觉出现的一个场合下念出"S"的声音,假定这个场景给他的记忆留下非常深刻的印象,以至于将来每当他有同样的感觉类型的东西时,他就会在日记中写下"S"。当然,在定义 S 时,他没有必要说它是"一种感觉"的名称,这里所需要的是,(在一定的相似范围内)他对属于同一种感觉类型的经验会做出类似的反应。在这种可能情形中,我看不到逻辑上有任何不一致之处(尽管我不知道它有多大可能发生)。

你可能会反对说,我们没有根据说他正在把"S"用作表示一种感觉的符号。当然,如果"我们"是指其他人类,那显然没错,因为按照定义,私人语言的词项指称没有外在表现的事物,所以没有其他任何人能知道它出现的时间。在我们看来,他似乎只是在随机的日子里在日记中写下"S"。但这并不意味着他实际上没有把"S"这个符号用作表示一种感觉的符号。如果上帝观察了他的思想,那么上帝那样描述就是有根据的。

反对者可能还有别的想法。正如我们将看到的(4.2.5),维特根斯坦本人就认为,我们日常的感觉词语与我们自然的(即身体的)感觉表现(PI 256)"捆绑在一起"。所以,反对者会继续说到,我们不能说"S"是一种感觉的符号,因为所有的感觉词语都代表着有自然的身体表现的状态,而这个"S"却没有。(这似乎是斯特劳德[Stroud 2001:154-5]所说的一个关键点。)

但这一论证面临两个反驳。首先,我们日常表达感觉的词语与感觉的自然表现"捆绑在一起"——也许是说,为了理解前者就需要领会到后者——是什么意思并不太清楚。这是(比如)洛克主义者会争论的问题,如果支持维特根斯坦的人要为它辩护,那么他最好不要使用类别论版本的私人语言论证(否则他的辩护就是循环的)。其次,即使我们日常的感觉词语与它们的自然表现确实以那样的方式"捆绑在一起",也不一定在任何可能的语言(真实的或想象的、自然的或人工的)中所有的感觉词语都是那样与自然表现捆绑在一起的。所以即使在那种情况下,这个论证也没有逻辑上的说服力,充其量只有归纳的说服力。

因此,在所有这些解读中,"私人语言论证"似乎都不成立。但我们不应该放弃它。除了这三种主要的解读之外,还有别的一些人的解读,他们的观点与这三者以及他们彼此之间都相去甚远,让人怀疑在《哲学研究》第 258 节及其周围还藏着许多宝藏(即论证)。对找到一个真正可靠的论证感到绝望还为时过早。[23]

### 4.1.3　盒子里的甲虫

不管《哲学研究》第 258 节的论证是否证明了任何我说维特根斯坦有兴趣证明的东西,至少《哲学研究》第 293 节中著名的"盒子里的甲虫"论证似乎以更加清晰而且更有决定性的方式证明了其中之一。

我们已经看到,根据那种我称为"洛克式"的观点,我们日常语言的词语主要指称观念,即类似感觉内省的对象,其作用是充当"内在样本"。这样,我把"红"这个词与红色的一个"内在样本"关联在一起。如果我想要知道,比如,这个苹果是不是红的,对我来

---

23　其中值得注意的是这些文献:Wright 1986, Canfield 2001——当然还有 Kripke 1982,但这个文献没有特别强调《哲学研究》第 258 节,而是认为它只是《哲学研究》第 202 节已经提出的更普遍论证的一个特例(Kripke 1982:3)。

说回答这个问题的方法就是比较这个内在样本和那个外在对象。我们已经看到,这个想法为什么会对维特根斯坦关于词语功能多样性的论断构成挑战。如果有人能——就像洛克认为的那样——把这种解释推广到(比如)英语的所有一般词项("blue"、"man"、"horse"、"sacrifice"等),那么他就有理由反驳维特根斯坦:词语用法表面上具有的多样性实际上掩盖了深层次的共性。

122

如果洛克的观点是正确的,那么我们日常公共语言中的词语指的其实是原则上对其他任何人都难以知道的实体:至少,没有人能为其他任何人所得到的东西提供任何证据。如果我的"红"指称我内在的红色样本,而你的"红"指的是你内在的红色样本,那么你的内在样本和我的内在样本是否属于同一个色彩类型由谁来断定?似乎我们一开始可以从我们使用"红"这个词时达成的一致来推断出这一点,至少在核心的案例中是这样。

例如,我们一致认为这个番茄——从相同的角度观察、在相同的光线下等——是红色的,而且我们一致认为那个苹果不是红色而是绿色的。然而,根据洛克的原则,这里的一致同样可以用至少两种别的方式来解释。

(i)如果你持有洛克主义的感觉理论和洛克主义的意义理论,你会说,我们每个人对苹果或番茄直接感知的不是它本身,而是它在我们每个人之中产生的感觉观念(*Essay* II.ix)。因此,你的感知对象相对于我的感知对象而言可能存在着一种系统性的错位:让你产生了一个绿色的观念的东西,让我产生了一个红色的观念,而让你产生了一个红色的观念的东西,则让我产生了一个绿色的观念。既然我们学习"绿"、"红"等词是通过别人向我们展示人们通常说它们具有那些颜色的物体,那么很有可能你将"红"这个词关联了一个观念,而我用"绿"这个词关联到了与其类型相同的观念,反之亦然。在这种情况下,您会看到我们对"红"和"绿"这两个词的用法和它们现实中的用法完全一致。我们能排除这种情况吗?

(ii)维特根斯坦自己在《哲学研究》第73节所说的是正确的,即内在样本不能单独决定某人对一个词的用法:他还需要以特定的方式使用它;或者,用《哲学研究》第139节的话来说,他需要建立一种投影方法。所以,就算你用"红"所关联的观念与我用"绿"所关联的观念是同一个颜色类型,反之亦然,这个区别可能不会体现在我们对"红"和"绿"的用法上。因为我们的投影方法之间可能存在着恰好有修正作用的差异,这样,你的"投影线"从你用"红"所关联的观念延伸到番茄酱、伦敦的公共汽车和邮筒;而我的"投影线"则从相同颜色类型的观念(我将其与"绿"关联)延伸到草、生菜和澳大利亚板球运动员戴的帽子。反过来,我的投影线从我用"红"所关联的观念延伸到番茄酱等,从你用"绿"所关联的观念延伸到草地、生菜等。也就是说,我们将相同的"内在"观念与不同的"外部"对象关联在一起,而且我们反过来又将不同的"内在"观念与相同的"外部"对象关联在一起,但是如此一来,在我们使用被关联的词语时这些都不会体现出来。确实,这个假设只能预测我们实际观察到的公开的口头判断有一致性。那么,我们有什么根据将这种可能性排除呢?

所以,洛克式的观点让每个人的词语的主要指称对象对其他任何人都是不可知的:至少,他们不能依靠任何证据来解决这个问题。按照本书4.1.1节的术语来说,它使语言变得在认知上有特权。只有说那种语言的人才知道"红"这个词是什么意思,因为只有他知道自己把它和什么观念关联在一起。"就好像当我说出这个词的时候,我瞥了一眼那个私人感觉,就像是为了告诉自己:我完全知道我说出它是表示什么意思"(PI 274)。维特根斯坦的论证正是紧紧抓住了洛克式观点的这个方面,并试图证明公共语言的词语不能以这种方式指称私有的对象。

那个论证是这样的：

> 假设每个人都有一个装着东西的盒子：我们把盒子称为
> "甲虫"。谁都不能看到别人盒子里面的情况，每个人都说自
> 己只需要通过看自己的甲虫就知道甲虫是什么。——在这
> 里，有可能每个人的盒子里装的东西都不一样。人们甚至可
> 以想象盒子里装的东西在不断变化。——但是"甲虫"这个词
> 在这些人的语言中还有用吗？——如果有用的话，那也是用
> 作一个东西的名称。盒子里的东西根本不属于语言游戏，就
> 算是作为"某个东西"也不在语言游戏当中：因为盒子甚至可
> 能是空的。——不，人们可以通过盒子里的东西来"约分"，不
> 管它是什么，它都会被消除。
>
> 也就是说，如果我们在"对象和指称"的模型上理解感觉
> 表达的语法，那么这个对象就不在我们的考虑范围之内了。
> (PI 293b-c)

124

这个类比的意图相当清楚。甲虫对应我们的内在的或私人的观
念，我们每个人都应该把它们与（比如）英语中的一些感觉词语关
联起来，而这些感觉词语正是对应类比中的"甲虫"这个词。我想
说的是，公众对"甲虫"这个词的使用，不管它是什么，并不依赖于
任何一个人的盒子里的东西。因为如果我们每个人的盒子里装的
东西都各不相同，它的公开使用并不会受到干扰。实际上，如果我
们有些人的盒子里没有任何东西，它的公开使用仍然不会受到干
扰。因此，通过某人的手或嘴公开使用的"甲虫"并不指他自己的
甲虫，在像英语这样的日常语言（即有许多使用者的语言）中，类似
的结论也适用于其中的感觉词语——实际上是其他所有词语。

让我们先把这一点与那个论证没有证明的东西区别开来。那
个论证没有证明——我认为，它也不打算证明——除了它们的公
共意义之外，"红"、"绿"等词语没有私人意义。但它的确试图证

明,如果我们只关注这些词的公共用法,即我们一致同意的用法,那么我们就可以在对这个论证的解读中消除所有对私有对象的指称。这就足以挫败我在本书 1.1 节提到的洛克主义者对《哲学研究》第 1 节发起的挑战。它将证明,我们不应该把不同词语的公共用法看作相像的冰山上表面并不相似的棱角;相反,那些"棱角"与藏在水面之下的东西都没有什么关联。

但这个论证真能证明这么多东西吗? 我认为,毫无疑问,这一论证清楚地说明了,一个人可以改变自己的内在对象而不改变被关联的那个词语的公共用法——根据"用法"的某种理解。但是我们这里所说的"用法"是什么意思?

维特根斯坦从未明确说明,但我认为为了正确地评价这个论证,我们必须说清楚。无论如何,我们必须准确地说明什么是"相同的用法"。那么,让我们假设一个人对一个词的公共用法,就是他对给定的感官刺激做出反应而说出、同意或反对含有这个词的句子的全部倾向。例如,我对"红"这个词的公共用法包含了:当面对一个看起来明显成熟的番茄时,我倾向于对"红?"这个疑问句做出肯定的回答;随后,当我被人问起它的颜色时,我倾向于说"红!",这更属于我对那个词语的公共用法。(用本书 3.2.1 节的术语来说,我指的是一个人的 A 倾向,而不是 B 倾向。)正如你所期望的那样,我们应该说:两个人对一个词有相同的公共用法,当且仅当其中一人对该词的用法与另一人对该词的用法相同。

这是非常不自然的,当然也不太符合维特根斯坦对"公共用法"和"相同的公共用法"的定义。此外,这会让两个人很难对一个词有相同的公共用法。因为它会导致人们对一个词的用法在某种程度上取决于人们通常认为那个词所附带的信息,而不是关于这个词的意义的知识。例如,在回答"林登·约翰逊是美国第三十六任总统吗?"A 可能倾向于说"是",而 B 则倾向于说"不是"。根据目前的定义,可以得出 A 和 B 对"三十六"有不同的公共用法。

但这两点都不重要。首先,我生造出来这个"公共用法"的版本在目前的背景下对维特根斯坦没有任何危害。如果有了公共用法相同的概念,盒子里的甲虫论证还不能证明它想要的结论,那么我看不出如何才能让它发挥作用。其次,我的定义使得两个人不太可能对一个词有相同的公共用法,但这也不会带来什么改变。这意味着我归属给维特根斯坦的前提之一似乎太强,但是它会给另一个前提带来补偿性的削弱,所以论证的整体可靠性不会受到影响。

因此,基于对这个相同的公共用法的理解,那个论证确实能证明,两个人在将一个表达式与不同的私有对象关联时,他们可能对该表达式仍然有相同的公共用法。例如,A 和 B 可能会将非常不同的私有对象与"牙疼"这个词相关联。但他们可能对"牙疼"有完全相同的公共用法。例如,他们可以而且也都会去看牙医,说自己"牙疼",而牙医可以而且也会相应地给他们做适当的治疗,例如,拔掉烂牙。这样,盒子里面的东西就被消除了。

但它并没有证明,私有对象不论如何变化都不会影响一个人如何使用这个词。假设有人将相同的内在对象和相同的"投影方法"与"绿"和"红"相关联。在这种情况下,内在对象不会被消除:他和我们对"红"和"绿"的用法中至少有一个的用法是不一样的。因为他把"红"用到成熟的番茄,当且仅当他把"绿"用到成熟的番茄,而我们只对成熟的番茄使用"红色",只对未成熟的番茄使用"绿色"。

所以,这个论证证明,只要我们在其他地方做出补偿性的变化,我们就可以在随意改变内在对象的同时,保持公共语言的使用。特别是这个变化必须给最初被指派了不同对象的单词指派不同的内在对象(或者,只要您愿意,指派不同的内在对象加投影方法),而且基于相同的原因它必须给最初被指派了相同对象的单词指派相同的内在对象。这样的变化被称为内在对象的注入。因此,我们可以这样表述:维特根斯坦已经证明,注入与我们的公共词语相关联的内在对象不会对它们的公共用法造成影响。

但这还不是盒子里的甲虫论证想要证明的结论。它想要得到的是《哲学研究》第293c节中所表述的:这些词中其实没有一个表示内在对象。那么,这一论断是否能从这样一个前提推出:注入与我们的公共词语相关联的内在对象不会对它们的公共用法造成影响?

这在逻辑上是推不出来的,但是如果再假设一个维特根斯坦已经证明过而且每个符号都能适用(但没有真正表述出来)的前提,我们就可以推出。这个前提可以表述为这样一句口号:用法不变则指称不变。维特根斯坦实际上非常接近于赞同"'名字'这个词被用来刻画一个词的许多种不同的用法"(PI 38b;强调为本书作者所加)。但这算不上是认可我说的那个意思,因为维特根斯坦没有像我那样(为了当前的目标)明确了"相同的用法"的意思。²⁴ 不管怎么样,它似乎完全符合维特根斯坦的一般思想,即语义现象不是独立的,而是完全来自词语的使用。更准确地说,那个需要加上的前提:两个人对指称不同的词语不可能有相同的公共用法。我们可以将这一前提称为"语义行为主义"。²⁵

---

24　请注意,正是"相同的公共用法"的那个确切含义使得第一个前提——与我们的公共词语相关的内在对象的排列对其公共用法不重要——非常强大,但这也是第二个前提非常脆弱的原因。事实上,《哲学研究》第293b节确实确立了这一强有力的第一个前提,这就是为什么我说,目前对"相同的公共用法"的解释给了维特根斯坦的论证最好的可能机会。

25　这一术语通常是为蒯因的学说而保留的,他给出了最好的表述:"在人们去公开行动的倾向所隐含的东西之外,不存在意义,也不存在意义的相似或区别"(Quine 1968;28-9)。只要这两个词没有混淆,在当前的语境中使用这个术语就没有坏处,这样做同时也突出了两位哲学家在这一点上的密切关系。

但《哲学研究》第 293b 节已经表明,有可能两个人对关联了不同内在对象的词(如"甲虫")有相同的公共用法。从我们已有的两个前提出发,可以得出那个词不能指称被关联的任何一个内在对象。因为词语和对象都是任意的,所以我们可以将这个论证的结论进一步推广:公共语言中的词语都不指称任何被关联的内在对象。因此,这一论证似乎已成功地证明了它在《哲学研究》第 293c 节所陈述的结论。

但有人可能会问,这是否因此指出了指称私有对象有特殊的困难。毕竟,我们可以对公共对象提出同样的观点,蒯因已经这样做了。[26] 让我们假设每个对象都有一个补充。一个对象 O 的补充是,由除去它之外的整个宇宙(所有空间和时间)所组成的对象 O* (所以 O** = O)。现在想象 A 和 B 两个人:A 把他的话和普通的物体联系起来——"番茄"和番茄、"飞多"和飞多、"狗"和狗等;而 B 把这些词和它们的补充联系起来——"番茄"和番茄的补充、"飞多"和飞多*、"狗"和狗的补充等。显然,用补充替换所有的对象就是(在前面定义的"注入"意义上)注入那些对象。

基于某些简化的假设,B 会同意(比如)"飞多是狗",当且仅当飞多*是狗的补充,即当且仅当给定相同的证据 A 会同意相同的句子。这里所发生的是,B 关于 A 将什么对象与飞多相关联所发生的变化,恰好补偿了 B 关于 A 将什么对象与"狗"相关联所发生的变化。而且我相信这一点可以进一步推广。因此,有可能 A 和 B 所有的话都有相同的公共用法。也就是说,注入一组外在对象,关联的词语的公共用法不会受到影响。

现在运用语义行为主义的前提(没有特别用到内在对象),并将关于私人情形的结果进一步推广,我们可以得出这样的结论:公

---

26  在这里,我概述的是蒯因(Quine 1981:19-20)的论证。

共语言的任何词语都不指称它们相关联的外在对象。外在对象以与内在对象相同的方式消除。

所以维特根斯坦的论证,至少根据这个解释,并没有揭示出这个洛克式观点有什么特别的问题,即一个人的词语指称它们相关联的私有对象。现在问题可能在于我对论证的解读。尤其是为了评判它,我给"公共用法相同"的概念指定了一个维特根斯坦很有可能不会接受的定义。除了我在那里描述的野蛮的行为倾向之外,他心里对"公共用法"还有什么别的理解吗?

他很可能有,但不清楚那对他有什么帮助。不管他心里对"用法"有什么样的理解,《哲学研究》第293b节的论证似乎非常有效地证明了,关联的对象不同与用法相同是相容的,无论是按照我还是他所理解的用法。所以《哲学研究》第293b节至少成功地证明了我所理解的第一个前提,不管它还证明了别的什么。

不管他心里如何理解用法,那肯定是比我的理解更精细:对一个词有相同的公共用法(按照我的定义)的两个人,对那个变化多端的词的任何意义都会有相同的公共用法。由此可知,语义行为主义如果按照他对"相同的公共用法"的解释是成立的,那么按照我的解释也成立。所以,如果他的论证中第二个前提(不管它到底是什么)成立,那么按照我的解读,那个前提也成立。

因此,如果维特根斯坦的"盒子里的甲虫"论证证明了内在对象与语义无关,那么它也能证明外在对象与语义无关。所以,对我们的语言进行洛克式的理解——我们语言的词语指称它们所关联的私有对象或内在对象——不会因为这个论证而面临特殊的困难。"盒子里的甲虫"论证的问题,并不在于它没能证明其结论,而是人们可以在它的方向上走得更远。由此看来,维特根斯坦将论证限定在语言的私人部分的做法是武断的。[27]

## 4.2 内在的和外在的

到目前为止,这一章所聚焦的两个段落属于一个更大的讨论。那个讨论的内容是各种各样的错误观念,它们会影响关于感觉的哲学思考,甚至我们精神生活的整个图画。这些错误观念结合在一起组成了可以(带有一定的美化)被称为笛卡尔式图画的东西。但是在使用这个标签时,我们应该记住:它塑造了笛卡尔之外的许多人的思想,其影响程度甚至超过了它对那位伟大哲学家本身的工作所产生的影响,而且这些人当中还有笛卡尔在理智上并不同情的哲学家。

在概述了这幅图画之后,我们将讨论维特根斯坦攻击它的各个角度:(a)各种感觉状态的承担者对他自己的感觉状态具有特殊的认知权威;(b)我们不可避免地对别人的感觉状态处于无知状态;(c)各种感觉状态的承担者是一个自我或灵魂,与身体不同;(d)经过将第一人称情况下的理解进行转移,我们才开始理解第三人称的感觉归属。我将在最后讨论维特根斯坦提出的(d)的替代观点。

---

27 在这一点上,值得一提的是弗雷格的论证,即如果每个人的话都涉及他的私人观念,那么两个人之间就不会有争执的口头表达。弗雷格的观点似乎是,如果你说"荨麻总是绿色的",我说"荨麻不总是绿色的",如果我们每个人都用"绿色"来表示某种不同的私人感觉类型,那么我们并不真的有分歧,就像有两个人在争论一张 10 镑的纸币是否是真的,"每个人指的都是自己口袋里的那张,且都在他们自己特定的意义上理解'真'"(Frege 1967: 29)。但是,如果双方之间存在真正的分歧,那么他们之间针对什么样的证据能够判定分歧句子的真值达成充分的一致,这就足够了。更一般地说,争论者用相同的词来指不同的事物,这一事实并不能阻止他们在公共语言中的框架分歧。比如,一个唯名论数学家当然可以表达与一个柏拉图主义者对某个用通常术语表述的数学定理的分歧。

### 4.2.1　笛卡尔式图画

这幅基本的笛卡尔式图画就是：从任何人（比如我）的角度来看，世界都是可以在形而上学上被分解成两个逻辑上独立的部分。一方面是物质世界或"外部"世界（尽管称之为"外部的"有点误导性，因为它还包括我身体和大脑的内部）。每个人至少在原则上都有同样好的机会来观察这个世界。在实践中，我比其他任何人都能更好地观察到这个世界的有些部分。例如，我能比其他人更清楚地感觉到我身上肌肉的活动，所以我比其他任何人都能更好地观察到我的肌肉发生的痉挛。但至少在原则上，另一个观察者可以通过看我的肌肉观察到那次痉挛，实际上，其他人的神经在原则上可能与我的肌肉相连，在那种情况下，其他人就会和我同样地感觉到痉挛。

130　　另一方面是精神世界或内部世界。这个世界里面是精神状态、过程和事件，以及感觉、情感、情绪，还有思想、信念和偏好。在原则上，我比其他任何人都能更好地了解自己的精神状态。特别地，我的感觉是直接的内部观察的对象，通过它我能以不会犯错的方式认知到它们。我不可能搞错自己的感觉。因此，我关于它们的知识是有保证的，而那是我的纯粹外部世界的知识所无法得到的。

　　但是其他任何人都不能直接观察到它们。这并不是因为它们藏在我的头颅里：即使我的头是用玻璃做的，这样别人就能看到我脑中发生的一切，但他们还是观察不到我的感觉。所以其他人不得不根据他们所观察到的来推断我的感觉：实际上，那就是我的行为。

　　观察这些感觉状态的"我"是什么？它不是我的身体，也不是我身体的任何状态。它是一个被称为"自我"的精神实体，直接观察它"拥有"的感觉。有许多这样的自我,每一个都对应于一个人,每个自我都有"它的"感觉,它能直接观察到而其他的自我不能直接观察到这些感觉。但是自我可以通过专注于自己的感觉来理解另一个自我拥有一种感觉是什么样子。史密斯可能会对自己说,"琼斯现在的牙疼只是这个感觉(此时专注于他自己的牙疼)的另一次出现,只不过那是琼斯的,而不是我的"。

这幅图画并不是笛卡尔偶然扔出的一堆杂乱无章的想法。当中一些无可争辩的事实在不需要清晰表述的情况下就让许多人(至少对许多西方人来说)非常自然地跟着他的思路思考。维特根斯坦对这幅图画的处理方法是尝试从这些错杂的根系中将它剥离出来。

### 4.2.2 认知不对称性

我们已经看到这幅笛卡尔式图画的一个重要组成部分是这个观点:我知道(比如)我现在是否感到头痛,其他人则只能推测。关于这种认知不对称性,维特根斯坦写道:

> 我的感觉在什么意义上是私人的? ——只有我知道自己是否真的很疼,其他人则只能猜测。——在某种意义上,这种说法是错误的,而且属于胡说八道。如果我们像通常使用的那样使用"知道"这个词(我们还有什么别的用法吗?),那么其他人也经常知道我什么时候疼。——是的,但他们没有我自己知道得那么确定! ——根本就不能说我知道自己很疼(除了开玩笑以外)。这到底是什么意思——可能除了我现在很疼之外?

> 不能说别人只能从我的行为了解到我的感觉——因为不能说我了解到它们。我拥有它们。

> 事实是:说别人怀疑我是否很疼是说得通的,但说我自己

对此有怀疑就说不通了。(PI 246)

让我们从我对自己感觉的认知开始。维特根斯坦问道,说"我知道我很疼"(而非"我很疼")表达的是什么意思?但是我们为什么要认为这两种陈述是一个意思呢?毕竟,它们有不同的用法。当牙医在拔我的牙齿时,我可能会对他说"我很疼",以此暗示他多给我点麻醉剂。但如果牙医质疑我的第一句话是:"你确定你感到疼吗?"我只会说:"我知道我很疼!"

维特根斯坦认为,"我知道我很疼"并没有别的意思,因为知识陈述在没有理由质疑的情况下不成立。他在别的地方写道:

> "我知道……"可能有"我并不怀疑……"的意思,但这并不意味着"我怀疑……"就毫无意义,或者怀疑在逻辑上被排除了。(PI p.188/p.221)

正如他在《哲学研究》第246c节所说,这看起来像表达怀疑是毫无意义的或在逻辑上被排除在外的情况。至少在这个意义上它确实是:某人如果真诚地说"我怀疑我是否真的很疼",这只能表明他对那句话中的某个词有误解,例如,他可能认为"疼"指的是某种身体损伤。

但从逻辑上被排除的意义上讲,在晴朗的日子里说"天在下雨"的话也是在逻辑上被排除在外的:一个(在晴天)真诚地说"天在下雨"的人应该被理解成他对自己所说的话有误解。但是,一个陈述被逻辑地排除在外,并不能排除它的否定有意义而且为真。在那种情形下,"现在没有下雨"的意思就太显而易见了,让他的话变得毫无意义,但尽管如此,它还是说出了一点真实的东西。那么,为什么"我知道我很疼"就不能同样说出为真的东西呢?

认为"我知道我很疼"除了表示"我很疼"以外没有任何别的意思的另一个理由是,"我很疼"不是人们知道或相信的东西,因为它根本不是对任何事物的描述,而是一种伪装成断言的吸引注意力的手段。这可能是维特根斯坦在写疼痛的口头表达代替了哭泣时心里所想到的(PI 244;见 PI 290b)。显然,在哭泣之前加上"我相信……"或"我知道……"是没有意义的。所以,也许我们应该对在"我很疼"之前加上前缀所得到的陈述说同样的话。

但我们有充分的理由认为这是人们可以相信的。把信念归属给人们的意义在于解释他们的行为,但是有很多我能做的事情,可以让把信念归属给我的做法有意义。假设走进一个房间,我发现其中至少有一个别的人正感到疼,我推断(即形成这样一个信念)房间里至少有两个人感到疼。这难道不是能很好地解释我已经相信我很疼了吗?在这种情况下,"我很疼"表达了人们可能会说他相信的东西,那么为何它不应该表达人们可能会说他*知道*的东西呢?

现在让我们看看别人对我的疼痛的知识。维特根斯坦说,如果我们像通常那样使用"知道"这个词("我们还有什么别的用法吗?"),那么其他人经常知道我什么时候疼。作为关于日常用法的经验报告,我敢说这是真的。想象一个讲英语的普通人会说:"Johnny knows that I am in pain"(强尼知道我很痛苦)的情景,当然要比想象一个他或她说:"I know that I am in pain"(我知道我很痛苦)的情景容易得多。

但为什么要认为人们经常说的话必须从字面上理解,或者,如果这样理解的话,那一定是真的呢?想象一下有人这样争辩:"如果我们使用'升起'和'落下'这两个词,就像通常使用的一样(我们还有什么别的用法吗?),那么太阳每天升起和落下。"对这一点的自然反应是,"升起"和"落下"这两个词还有一种使用方法,它没有盲从于杂乱的日常用法,而是尝试从它们"字面"用法的某个子集中提取出一个概念(正如本书 2.3 节提出的)。

　　事实上,这样做本身并没有偏离通常的用法。因为大多数普通但受过教育的说话者都会承认这样一个字面的核心:面对天文学的证据,他们会承认,太阳当然不会真的升起和落下,这只是一种说话方式。但是针对有关他人心灵的知识,为什么我们不能说同样的话呢?毕竟,面对"哲学证据",大多数普通的说话者都会承认:"当然,某人绝不会真的知道另一个人牙烂了的时候所具有的感受:我只是假设他和我的感觉是一样的。"因此,维特根斯坦的观点依赖于哲学证据中存在着弱点。我们现在就来仔细看看。

　　我们关于他心的知识这个哲学传统问题直接产生于笛卡尔式图画本身。根据这幅图画,琼斯永远无法观察到我的疼痛,他只能从关于我的行为的前提(其真假是他能观察到的)推断出我很疼:"A.A.正在表现出疼痛的行为,因此他现在很疼。"但随后问题出现了:琼斯凭什么做出这种推断?毕竟,他从来都没能观察到他推测的结论被任何一个实例所证实:也就是说,他从来都没能观察到我疼痛的表现以及我的疼痛。只有这样的观察才能为他得出的结论——A.A.的疼痛经常伴随着他疼痛的表现——提供辩护,从而使那个有问题的推理得到保证。我是唯一一个能够对此进行观察的人。但这对琼斯没有任何帮助:因为即使我做了这些观察,我的结果报告——"在表现出疼痛的情况中,有 n% 的情况 A.A.真的很疼"——如果不借助同样有问题的从"A. A.在某个场合报告说他很疼"到"A.A.在那个场合很疼"的推理,也就不能帮助琼斯证实这个有问题的推理。因为琼斯怎么能排除我将他称之为"快感"的东西称为"疼痛"这种假设呢?(见 4.1.3)

134　　　当然,基于笛卡尔式图画,琼斯能观察到的是他自己的情况,而且他可以用"琼斯在他表现出疼痛的场合中有 m% 是真的很疼"的形式概括观察的结果。但无论 m 有多大,对于以此为根据而从别人的疼痛行为推理出他们的疼痛而言,这个归纳的根据还非常弱。对于《哲学研究》第 293 节中的那些人来说，从他自己盒子里观察到的黑锹甲虫推理出其他所有人的盒子里都装着一只黑锹甲虫，这样的推理太过草率。

因此，我们有合理理由认为琼斯并不真正知道我是否痛苦。这种情况当然会促使我们背离"知道"这个词的"普通用法"。但那不是任意的背离，而是结合了普通说话者在任何情况下都会承认的知识原则（例如，如果从一个推理得到了知识，那么它必须有一个可靠的证据基础）与从笛卡尔式图画中获得的原则（例如，琼斯不能观察到我的痛苦），而且基于尊重这些原则的一种"知道"的意义，我们就能证明根本没有他心的知识。

因此，《哲学研究》第 246 节中"知道"的日常用法并不能将别人关于我的感觉的知识合法化。然而，维特根斯坦通过论证这种知识是不可能的，确实提出了一个更大的难题。这一反驳意见直击笛卡尔理论的核心。正是这幅图画，以及由此而产生的对他心的怀疑，建立在对疼痛（而不是知识）的普通概念的误解之上。我将在本书 4.2.4 节中讨论这一点，但要给它一个恰当的解释还需要简单讨论一下维特根斯坦关于自我的看法。

### 4.2.3　自　我

根据笛卡尔式图画，你对"我很疼"的理解一方面涉及"疼痛"与内在对象之间的关联，另一方面涉及"我"与内在主体（你的自我——这些感觉状态的拥有者）之间的关联。只要这个对象与那个主体处于恰当的关系时，你就会感到疼痛。

除了笛卡尔本人之外，关于这个主题最重要的人物就是休谟。他曾指出，当他"进入自己的经验"时，他从来没有遇到过这样的拥有者，而只会遇到感觉本身（*Treatise* I .iv.6）。维特根斯坦似乎在《逻辑哲学论》中赞同这一观点：

> 如果我写了一本书,名叫《我所发现的世界》,我就必须写一篇关于我身体的报告,并且必须说哪些部分服从于我的意志,哪些不是,等等。这是一种孤立主体的做法,或者更确切地说,在一个重要的意义上,它证明了主体不存在,因为在那本书中我们不能单独提到它。(TLP 5.631)

但是读者应该注意到,在《逻辑哲学论》中,他也相信一种"形而上学"的自我(TLP 5.641),这种自我不是在经验中被发现的。相反,它是这样一种东西,它的精神行为将意义注入其标志性的思维过程:通过投影方法(TLP 3.11),它以某种方式把名字与它们的指称对象联系起来。语言是我的语言——我注入了意义的那种语言,因此语言本身是思维主体的一种内在反映。这就是为什么他认为可以说:

> 我的语言的界限意味着我的世界的界限……世界是我的世界:很明显,语言(只有我能理解的那种语言)的界限意味着我的世界的界限。(TLP 5.6,5.62)[28]

在《哲学研究》时期,维特根斯坦已经部分地修正了他早期的看法。一方面,他不再认为形而上学的自我是意义的一个必要条件。正如我们在第 3 节所看到的,"意义行为"或"投影行为"是虚构:将一个死的符号变成一个有意义的符号的是它的使用,而不是"一个只能由灵魂来表演的花招"(PI 454)。另一方面,他仍然同情《逻辑哲学论》第 5.631 节所表达的休谟式论证,或者至少对其结论表示同情。也就是说,他认为当我说"我很疼"时,我没有把那种性质归属给任何东西:

---

28　在引用的《逻辑哲学论》的段落中,对唯我论的处理是出了名的困难,其解释也极具争议。当前的解释是基于克里普克的解读,更多细节请见 Kripke 1982:131-2n. 13。

(对话者说)"当我说'我很疼',我没有指向一个处于疼痛中的人,因为在某种意义上,我根本不知道是谁在疼。"这句话可以被证明是有道理的。因为这里最关键的是:我没有说一个如此这般的人很疼,而是"我……"。在说这句话的时候,我没有提到任何人的名字。就像我痛苦呻吟时不会说出任何人的名字一样。尽管有别的人通过呻吟看出是谁在疼。(PI 404)

"我"不是一个人的名字(PI 410)。

为什么"我"不是一个人的名字?一个原因可能是我刚才提到的休谟式的观点:如果我们把自我或灵魂看作一个非物质的感觉主体,那么就不存在自我或灵魂。但这一论证还不够充分:因为说不定"我"是表示我身体的名字,而那具身体就是一个人。此外,这个建议也不可能是正确的,因为如果"我"是我身体的名字,那么"我感觉到如此这般"的话就不能被一个感觉到如此这般的人在自己之外说出来,例如在另一个人的身体(PI 302a,PI 409)或在一根棍子的末端(PI 626)。[29]

那么在"我很疼"的语境中,"我"的功能是什么呢?它利用了这样一个事实:说话的那张嘴和写字的那只手与一具具体的有机躯体之间有着独特的亲密关系。这就允许存在一些约定,通过这些约定,嘴巴和手的行为特别亲密地与(比如)身体上的不适关联起来。所以,当一张嘴说"我很疼"时,我们知道哪个身体需要治疗——连着那张嘴巴的那具身体。因此,"我很疼"中的"我"这个词的作用是吸引人们对某具特定身体的注意。

---

29 你可能会反驳说,在这种情况下,我认为这个地方如此仅仅是作为"我的身体"的一部分的事实。但是,我们可以反驳说,在那种情况下,"我"指我的身体的说法就相当于这样一种同语反复,即"我有如此这般的感觉"中的"我"指的是当我有那种感觉时我所感觉的那个东西。但是说那就是"'我'指称的东西"并不等同于关于"我"所指称的东西有所断言。

现在我们已经看到,这种联系不一定保持不变。人们可能在世界上某个远离那张嘴的地方感到疼痛。事实上,这就是怀疑"我"命名了感到疼痛的那具身体的理由。但是,如果这个偶然的事实绝不会成立,我们就不应该说起"我的"痛苦或者说"我很疼"。假设真是这样的话,那就有点像故事里的三个女巫,我们轮流通过伦敦市中心的一张嘴说话,每个人都通过无线电接收器和无线电发射器与之相连,这张嘴巴永远不会说(比如)"我很疼"或"我的"痛苦——因为不管怎么样,它这么说是没有任何意义的。相反,它会说"格拉斯哥的拉姆齐街 36 号有疼痛",然后人们会去那个地方照顾那具身体。在这里,我们想象自然的某些非常普遍的事实变成另一个样子,这样做可以让与我们日常概念截然不同的概念如何形成变得能够理解( PI II,xii:p.195)。

但是考虑到自然事实是这样的,我们可以看到第一人称现在时态的句子"我很疼"和哭泣的功能一样——吸引人们对某具身体的注意力。而维特根斯坦对它的解释是:"我很疼"并没有描述哭泣,而是代替了哭泣( PI 244)。

考虑到所有这些,现在让我们转向疼痛的概念,特别是我们借助第三人称感觉归属所表达的疼痛概念。

### 4.2.4　第三人称感觉归属:反面的论述

这个关于认识不对称性的笛卡尔式观点的基础在于,我在把感觉归属给别人时所做的事情。这一点可以表述为关于我们如何把握第三人称归属的观点。我们每个人一开始就能把握疼是怎么一回事,也就是说,我们一开始就掌握了第一人称的疼痛声明。然后,我们通过反思来领会它所对应的第三人称声明,对于强尼来说,他很疼就是他拥有我在很疼时所拥有的东西。按照这个非常自然的解释,从对第一人称到对第三人称的感觉语言的理解,没有什么特别神秘的。这只是我们更一般的能力的一个特例——我们也在其他例子中展示出来,那种能力就是从理解属于我的东西转到理解属于别人的东西。

因此,比利可能首先学会区分事物是或不是"他的玩具":他有权对他的玩具行使某些权利,而他不能对别的玩具行使这些权利。然后,经过从"他的玩具"的概念中抽象出他自己的过程,他开始理解某些玩具是"强尼的玩具",而某些玩具不是,也就是说,他懂得了强尼的玩具就是和强尼处于他(比利)和他的玩具所处于的同样的所有权关系的那些玩具。

根据笛卡尔式的观点,从"我的痛苦"到"强尼的痛苦"的过程基本上是相同的。要理解感觉词语首先就得理解它们表示与你处在一种特殊关系的内在对象——那些对象有我的疼痛、我的后像等。当某人了解到"强尼的痛苦"表示的是强尼内心的对象,即与强尼处在像他和他的疼痛所处的那种关系的对象,他就将自己的理解扩展到第三人称的情况。

但回想一下我们在上一节的讨论。我们在那里看到,在第一人称声明的例子中,"我"的作用不是表示任何事物的名字,而是将人们的注意吸引到说话的那张嘴(和关联的身体)。如果这就是"我"在"我很疼"这样的语境中所起的作用,那么很明显,掌握后者并不需要熟知——或者具有任何别的知识——内在对象(疼痛)和内在主体("拥有它"的"自我")之间的某种关系,而后者可以从理解"我很疼"到理解"强尼很疼"的过程中抽象出来。为了使"我很疼"有刚才所描绘的那种作用,必须掌握它(大概)需要:当且仅当在连着你的嘴巴的那具身体发生某些特定的事件时,有说出"我很疼"的倾向。但这意味着对"我很疼"的掌握并不能给你资源,让你通过抽象来掌握"强尼很疼"。因为你完全不知道你要从什么东西当中去抽象。

所以,维特根斯坦写道:

> 如果一个人必须根据自己疼痛的模式来想象别人的疼痛,这不是一件容易的事情:因为我必须以我真正感受到的疼痛的模式来想象我没有感受到的疼痛。也就是说,我要做的不只是在想象中把一个疼痛的地方转到另一个疼痛的地方。就像从手掌疼转到手臂疼。因为我不能想象我感到他身体上某个部位的疼痛。(这也是可能的。)(PI 302)

这就是著名的与"现在是太阳时间 5 点整"的比较:

> "但是如果我假设某人很疼(对话者说),那么我只是假设他的疼和我经常有的疼一样。"——这并没有让我们往前推进。就好像我要说:"你一定知道'现在这里是 5 点整'的意思,所以你也知道'现在是太阳时间 5 点整'的意思。这仅仅意味着,这里 5 点整的时候,那里和这里一样。"——诉诸同一性的解释在这里不起作用。因为我很清楚,一个人可以说这里的 5 点和那里的 5 点是"同样的时间",但我不知道在什么情况下,一个人会说这里和那里是同样的时间。(PI 350)

根据那幅笛卡尔式图画,在我疼的时候我能观察到疼痛和我自己,然后我要做的就是假设:强尼疼痛就是另一个主体和我在疼痛时那样与相同的对象有相同的关系。与此相反,我们可以在前面的段落中看到维特根斯坦否定疼痛的主体所产生的后果:因为"我很疼"中的"我"没有指称任何主体,所以没有理由认为我们可以把"强尼很疼"理解成:只是把"我很疼"的主体变了,而对象或客体没有变。那就是与"现在是太阳时间 5 点整"比较的意义所在:因为我们对形如"现在是 $x$ 处的 5 点整"的时间表达的理解只能推广到 $x$ 表示地球表面某个位置的情况,所以没有理由认为我们可以通过简单地将"现在是太阳时间 5 点整"理解成把(比如)"现在是格林威治时间 5 点整"的位置变了而时间没变。

### 4.2.5　第三人称感觉归属：正面的论述

那么,我们如何理解第三人称感觉归属? 维特根斯坦写道,
"一个'内在过程'需要外在标准"(PI 580),而且我们依据疼痛的
标准——疼痛自然的而不自觉的行为表现——才能判断是否归
属它。

在这一点上,有必要简要地谈一谈维特根斯坦的"标准"概念。
让我们区分一下某一给定类型的事态的两种证据。由于其作为证
据的地位,一种证据依赖于那个证据本身与它要证明的东西之间
具有可以观察到的关系,也就是说,如果我们发现证据出现的情形
中有相当高比例的情形这个事态没有出现,它就不能再算作证据。

这类证据的一个例子是晴雨表,它对降雨的预测对于下雨来
说只是可以推翻的证据。如果我们在足够多的场合下观察到是否
下雨的情况推翻了晴雨表的预测,那么我们最后应该放弃依靠晴
雨表来预测降雨。现实中,这种情况是可能发生的,这就说明晴雨
表的表现对于未来的降雨只是可以推翻的证据。

但另一种证据并不依赖于它与它作为证据所证明的事物之间
有能被观察到的关系而具有证据的地位,它作为证据的地位是先
天的(或者,正如维特根斯坦在《哲学研究》第 354 节所说,它确立
了一个定义)。让我们考虑一下把疼痛表现作为疼痛的证据的地
位。什么样的证据可以使我们怀疑(人类的)疼痛行为确实是他们
疼痛的证据? 答案是:没有。相反,如果有证据表明(比如)有疼痛
的表现时没有疼痛,或者在没有疼痛时有疼痛的表现,我们就应该
怀疑这样的"证据"的地位。

第一种证据是维特根斯坦所谓的"征候",第二种证据就是他
所谓的"标准"。(他在《哲学研究》第 354 节将这两者进行了对

140

比。)要注意,一个事态的标准本身可能是证明该事态的可推翻的证据,即不够充分的证据[30],而不可推翻的则是其作为证据的地位。

很明显,疼痛的表现是衡量疼痛的标准。因为——考虑到我们对疼痛的概念就是这样的——没有什么可以作为证据来反对这种证据联系。这样的"证据"可能看起来是这样的:当你用锤子打某人时,他没有大喊大叫,也没有反抗,而且他将来也不会做任何事来避免锤击。另外,当你第一次给他草莓时,他会退缩然后报复(打你),之后他会表现出排斥草莓的行为。观察到这个案例的人没有谁会得出结论说,他疼痛的表现其实不是他疼痛的证据。相反,他会得出这样的结论:伤害我们的东西并不会伤害他(反之亦然)。

141　　下面是维特根斯坦关于第三人称感觉归属的论述。一个说话者通过学习判定它们的标准来学习它们。你所学到的是一种被当作疼痛表现的行为(而且在别的感觉状态下,你学习的标准可能是,比如,其原因或结果)。你对"疼痛"这个词的掌握,包括能够区分疼痛行为和其他类型的行为,并将前者视为断言其他人在疼痛中的可推翻的根据。掌握基于这些理由的"疼痛"归属就是掌握我们的疼痛概念(至少在第三人称语境下)。

很明显,关于这一论述还有很多话可说,但是现在可以对我们关于他心的知识这个问题说更多的话。在区分标准和征候的段落中,维特根斯坦提出了一个与视觉印象相似的观点。他写道:

> 例如,我们说:"经验告诉我们,晴雨表读数下降时表示有雨,但它也告诉我们,当我们有某种湿冷的感觉或如此这般的的视觉印象时有雨。"为了辩护这一点,有人会说这些感觉印象可能欺骗了我们。但在这里,人们没有想到:这一事实——假象正好是下雨的假象——建立在一个定义之上。( PI 354)

---

30　这并不是对维特根斯坦术语的唯一解读,它最突出的竞争者(麦克道尔提出的)在这一点上与之不同。请见 McDowell 1982,特别是其中第 380 页。

> 这里的重点不是我们的感觉印象可能骗人，而是我们能
> 理解他们的语言。（和别的语言一样，是建立在约定之上的。）
> （PI 355）

对他心的应用应该是清楚的。问题应该在于琼斯没有任何理由认为我很疼，因为他观察不到我的疼痛。对此的回答是疼痛的概念中包含了琼斯可以有这样的理由，即我疼痛的表现。如果某人真诚地怀疑我疼痛的表现是否至少构成了把痛苦归属给我的理由，那么他就没有真正地理解这个概念。因为疼痛的表现就是判断疼痛的标准。

很明显，这种关于第三人称感觉归属的论述完全颠覆了一开始引起这个问题的那幅笛卡尔式图画。但也很明显，它可能会阻断某些非常自然的思路，这些思路本来可以继续滋养那种笛卡尔式理解。由于维特根斯坦对这些思路的处理将这些主题与《逻辑哲学论》和《哲学研究》中的其他核心主题联系起来，所以我在最后会把两本书放在一起考虑。

### 4.2.6　"疼就是疼"

对维特根斯坦的论述最明显的反驳是，它忽略了对我们的第三人称"疼痛"归属至关重要的东西。我们已经看到，一个人不会"根据自己疼痛的模式来想象别人的疼痛"（PI 302）。但维特根斯坦的论述似乎在相反的方向上走得太远。他似乎在暗示，人们在想象别人的痛苦时所基于的模式其实与自己的疼痛完全不同。因为我们有两个东西：当我说我很疼时我所感受到的疼痛，以及当我说琼斯很疼时他所表现出的疼痛行为。这两个东西完全不同，所以，似乎我做出形如"$x$ 很疼"的陈述的理由必然是选言式的（disjunctive）。

因此，根据维特根斯坦对它的论述，好像"疼痛"这个词只不过

142

存在着第一人称用法和第三人称用法的歧义。所以，只要我为每一种用法指定不同的词语，我的语言就不会有任何损失。维特根斯坦似乎也愿意得出这个惊人的结论。

> 如果只是因为我迄今为止所说的"我的疼痛"和其他人所说的"L.W.的疼痛"，我就要保留"疼痛"这个词，那么只要以某种方式用一个词补偿"疼痛"这个词的损失，我就不会误解别人。其他人仍然会引起同情，得到医生的治疗，等等。当然，这样说也是反对这种表达方式："但是看看这里，别人有和你一样的东西！"（PI 403）

当然，说他们有"和我一样"的东西是正确的（至少在英语中，说"他们有疼痛"是正确的，说"我有疼痛"也是正确的），但这并不意味着这些对象本身——他们的疼痛和我们的疼痛的内在本质——当中有什么东西强加给我们一个符号，让我们用同样的表达来表示它们二者。

143 　

但这是否会使"疼痛"与"bank"相提并论？当然，"疼痛"的歧义与"bank"的歧义并不完全相同，因为在一种语境（第一人称语境）中"疼痛"主要有一种意义，而它在另一种语境（第三人称语境）中的主要意义又是另外一种——我们通过理解其标准来学习。另外，"bank"的同一次出现就可能有不同的含义（"我去了银行"或"我去了岸边"）。也许更好的比较应该是"疼痛"和"March"（表示一个月份和齐步走的命令）两个词：分别采用两个意思的语境之间没有多大关系，然而，"March"一词在这些语境中可以表示完全不同类的东西，这确实是我们语言中的一个偶然现象。鉴于维特根斯坦提出的"疼痛"的语义学，我们不能把这种现象——任何英语单词既有第一人称的用法也有第三人称的用法——也当成人类（也可能是所有的）语言的一个偶然现象吗？

《逻辑哲学论》的一个核心观点蕴含了对这一问题的正面回

答。根据那本书，一个词的语法行为是由它所指的简单对象的本性决定的，而知道这个对象就是知道它在事态中所有可能的出现（2.0123）。《哲学研究》第 403 节中的记号（notation）的可能性向《逻辑哲学论》的作者表明，人们可以在不知道别人也可能会疼的情况下知道"疼痛"在那种语言中表示什么，即疼痛是什么。但这意味着，"疼痛"一词像在英语中出现的那样，具有"不同的标记方式，因而属于不同的符号"（TLP 3.323）。在这种偶然的歧义案例中，"我们必须使用这样一种能够排除它们的记号语言，其中不会在不同的符号中使用相同的记号"（TLP 3.325）。也就是说，如果我们能使用一种类似于《哲学研究》第 403 节的语言，那么——从逻辑的角度来看——我们就必须那样做。

在《哲学研究》中，维特根斯坦陆续在如下叙述中强调了这个问题：

> 但是我怎样才能决定记号的性质当中什么是本质的，什么是非本质的、偶然的呢？记号背后是否存在某种影响其语法的事实？（PI 562）

随后，他又以一种直接适用于疼痛的方式提出这个问题。他还带来了一个初步的答案：

> 为什么是同一个词？在微积分中，我们根本不使用这个同一关系！……——但是这里所说的"使用同一关系"是什么意思？如果我们真的用同一个词的话，那不就是一种用法吗？（PI 565）

但这并不令人满意。你还不如说，我们使用了存贷款机构与河边坡地的"同一关系"——因为我们不是对它们都用了同一个词（"bank"）吗？还有另一个提议：

> 现在看来，使用同一个词或同一个棋子（即在一个游戏

中)似乎是有目的的——如果这种同一关系不是偶然的、非本质的。那个目的好像就是要让人能够识别出这个棋子并知道怎么玩。(PI 566)

因此,我们在第一人称和第三人称的使用中使用相同的"疼痛"一词的意义是,人们能够在一个语境(比如,第三人称语境)中学会使用它,因为他能认出这个词在另一个语境(比如,第一人称语境)中出现过。

如果我们从这个提议中将为"目的"一词的含义指定一个意识的想法去掉,那么就会得到一个比较有说服力的提议。重点是,我们使用同一个词是因为在第一人称语境理解"疼痛"这个词的人,会自然地把它扩展到第三人称语境。这样,他基于我们这样做所实际凭借的理由(尽管他在逻辑上不是被迫这么做的),就把被他称为"疼痛"的东西归属给了别人。也就是说,相比于那些表现出其他行为类型的人,以我们疼痛的感觉为中心的扩展的"相似空间"更可能将我们表达这些感受的话语扩展到受伤或哭泣的人身上。

145　　这是一个有趣的经验猜想,不能在扶手椅上解决。如果它得到证实,这将表明某人在第一人称和第三人称情形中使用同一个词的理由,既不是事物的本性强迫我们的,也不是在逻辑上不愿接受的偶然结果。相反,如何扩展我们在某些有限领域中学会的词语的用法,属于我们用来解释相关概念形成的"自然事实"(PI p.195/230)。

### 4.2.7 "老天有眼"

维特根斯坦的操作在这里有一个一般性的反驳,那个反驳不仅适用于这一点,而且也适用于他对语言游戏、家族相似、阅读、理解和意义的讨论。因为它抓住了贯穿《哲学研究》的一个方法特点,这个特点使得它的方法与《逻辑哲学论》中的方法有很大的区别。

如果有人想知道"在如此这般的时间琼斯在看书"这样一句话的意思，我们已经看到维特根斯坦会怎么回答。他会说明我们何时有理由说他在看书。当他连续50次都把那些书写的词语说对了时，我们就有理由说这句话（PI 157）。用最近引入的术语来表述的话，我们可以说他这样做是他在看书的一个标准。

再说一次，我们有理由说，下达"写下序列+2"命令的人想表达的意思是，序列+2，而不是偏离它。为这一点做辩护的是，他认为在实际情况下"遵守规则"和"违背规则"的做法（PI 201）。我们可以说这也是他所说的秩序的标准。

同样的模式在他关于第三人称感觉归属的论述中也很明显。这一论述告诉我们是什么为那些归属提供了依据，那就是，它们的标准。在疼痛的情形中，那些标准都是行为的，但只要它们是"外部的"就够了而不必是行为的。例如，可能存在一种感觉，其标准是一个生理事件，比如血压升高（PI 270）。

在所有这些情况下，我们没有被告知所讨论的陈述的成真条件。只有当我们有正当理由陈述它们时，我们才会被告知。对比我们给出的成真条件。形如"$x$是一个正方形"的声明为真，仅当代入$x$的东西有四条垂直相交且长度相等的边。我们在这里被告知，这个陈述（某物是正方形）针对现实做出了什么论断。而这正是维特根斯坦后来关于阅读、意义、理解和第三人称感觉归属的论述所回避的。

我们在《逻辑哲学论》中已经看到，陈述成真条件是解释一个命题的唯一方法：因为命题的本质是提出关于现实的论断，说出事物是什么样子的（TLP 4.5）。同样明显的是，关于第三人称感觉归属的笛卡尔式解释满足了这一要求。按照那种解释，你可以这样向我解释"强尼很疼"的意思：告诉我说"你一定知道你疼的时候是什么感觉。'强尼很疼'的意思是,他有你在疼的时候所拥有的东西"(见 PI 350)。不管这种解释有什么缺陷,它至少力求达到《逻辑哲学论》的理想,也就是说,它试图说明强尼疼痛的条件是什么,而不仅仅是让我能这样说的理由。然而,我们现在考虑的解释并没有起到这样的作用:它让人觉得,一个能够识别疼痛表现的人好像能详尽地知道"强尼很疼"的意思。

可以说,没有什么特别让人惊讶或反对的。《哲学研究》的主旨就是要打破对语言高度统一的理解的魔咒。根据那种对语言的理解,对一个句子的分析在任何情况下都服从一个唯一的理想标准。当魔咒被打破时,我们会看到其实有许多不同类型的有意义的句子,所以对一个句子的意义也有太多不同种类的解释。那么,为什么有人会惊讶或担心"强尼很疼"的正确解释在形式上与"如此这般的东西是正方形"的正确解释会有如此大的差异呢?

答案——而且这就是反驳——就是逻辑本身似乎另有要求。"要么他疼,要么他不疼",这是经典逻辑中一个被称为排中律的定理的实例,"要么他在读第一个词,要么他没有"(回想一下《哲学研究》第 157 节的例子),"要么他是指 +2,要么他没有"。在这些例子中,排中律的应用似乎表明,阅读、意义、理解和疼痛的归属比维特根斯坦所允许的要多。因为排中律似乎要求事实要么这样要么那样,即使我们不知道它是什么。我们必须依赖于这些外在的疼痛或理解的迹象,但是陈述本身进入了现实的一个隐藏区域,其中在任何情形下都会使它为真或为假。

但是在维特根斯坦对这些陈述的解释中没有什么能证明这可能是什么样的事实:它只告诉我们,在那些我们可以判断他是否疼痛的情况下,是什么给我们提供了辩护。因此,维特根斯坦的解释似乎是肤浅的。逻辑本身似乎迫使我们对这些陈述的意义有一个概念,这远远超出了他想让我们接受的那种解释所能覆盖的范围。

维特根斯坦在以下(非常优美的)段落中对这一问题给予了有力的表达。

> 在这里,我们的思维会向我们要来一个奇怪的把戏。也就是说,我们要援引排中律,说:"要么这个印象在他心里,要么不在,没有第三种可能性!"(PI 352)

> 一幅图画像变戏法般地被展现出来,它似乎明确地把感觉固定下来。与图画所示相比,其实际使用似乎有些混乱。在这里,我们又得到了与集合论相同的东西:我们使用的表达形式似乎是为神设计的,他知道我们不知道的东西,他能看见每个无穷数列的全部,他能看到人类的意识。当然,对我们来说,这些表达形式就像是我们可以穿上的教宗华服,但它不能发挥多大作用,因为我们缺乏实际的权力来赋予这些圣衣意义和目的。

> 在实际使用表达时,我们绕道而行,走小路。我们看到前面有一条笔直的公路,但我们当然不能使用它,因为它是永久封闭的。(PI 426)

这段话也为维特根斯坦的回应做了铺垫。我们必须区分逻辑法则本身(那只是我们语言的一种约定)以及它向我们展示的图画。这幅图画描绘的是一个超出其可见部分的现实区域:比如,某人心灵之内,或者 $\pi$ 的小数展开式的无限延续。但那幅图画只不过一幅图画:它没有告诉我们表达的实际用法,只是站在那里,像一个与文本无关或只是装饰性的插图。

148

因此,《哲学研究》第352节继续写道:

> 排中律在这里说:它要么看起来像这样,要么像那样。所以它真的——这是一个真理——什么也没说,只是给了我们一幅图画。现在的问题应该是:现实是否符合画面?这幅图

似乎决定了我们必须做什么,寻找什么,以及如何去做——但它并没有这样做,仅仅是因为我们不知道如何应用它……

　　类似地,当人们说"要么他有这种经历,要么他没有"时——我们身上主要发生的是这样一幅画面,只要有它似乎就足够让表达的意义明确无误:"现在你知道目前在讨论什么了"——我们应该说。那正是它没有告诉他的。[31]

一幅超出现实世界可见部分的区域的形而上学图画是惰性的:一旦它与排中律相区分,不论我们是否"接受"这幅图画,任何人实际上说什么都无所谓。因此,我们当然应该接受排中律本身,但我们不应该认为它揭示了在我们实际使用第三人称感觉归属的方式中有任何不一致之处,那正是维特根斯坦认为自己在描述的东西。

　　这也不是说排中律本身应该成为哲学审查的对象,就好像哲学家能够确定:在证据模棱两可的情况下,琼斯之前到底是疼还是不疼。要做到那一点就要:在我无法判定的时候,我需要具有某种独立的手段来判断"琼斯之前疼过"是真还是假。但是没有独立的方法来判断。鉴于维特根斯坦的真概念"琼斯疼过是真的,或者琼斯疼过是假的"只是"要么琼斯疼过要么他没有疼过"的另一种说法,因此我们不能通过某种先前的方法对其本身进行评价(见 PI 136a,本书第 2.4 节讨论过)。

　　"哲学只是把一切都摆在我们面前,既不解释也不演绎任何东西"(PI 126)。我们已经看到了一些不满本书第 2.3 节中那种一般态度的理由。但鉴于维特根斯坦对"真"的理解,将其应用于目前这个反驳是完全合适的。

---

31　麦克道尔(McDowell 1978:303n. 16)提供了一个对这一段非常有益的评论。

# 接受与影响

自从 1953 年出版以来,《哲学研究》被公认为一部伟大的著作。斯特劳森的评论称之为"一位天才哲学家对关系错综复杂的诸多复杂问题进行的讨论"(Strawson 1954：22)。费耶阿本德认为这本书对传统哲学做出了贡献——而不是做出批评——而且说它是"巨大的成就"(Feyerabend 1955：149)。近来,迈克尔·达米特说前 100 多节"几乎都让人不得不赞同,尽管从那之后可能会有人们该怎么继续下去的大问题,但在读完那些段落之后,对于那些话题的具有决定性的处理,人们几乎不可能再有什么保留态度"(Dummett 1981：239)。

早期最有名的批评者是罗素,他写道:

> 后期的维特根斯坦⋯⋯似乎已经厌烦了严肃的思考,并且提出一种理论要让这样的活动变得可有可无。我从来也不相信得出这些草率结论的那个理论成立。但是,我发现我对它的偏见太深,因为如果它成立的话,哲学最多能帮帮辞典编纂者,而最坏也不过是茶余饭后无聊的娱乐。(Russell 1959：216-17)

虽然人们很容易像罗素那样对此感到疑惑：为什么接受维特根斯坦的哲学观的人会特别重视它，很难不认为这是不公平的。《哲学研究》中有很多东西可以为我们对现实的理解做出实质性的贡献——特别是对思维、意义和理解的本性——而且对辞典编纂毫无贡献。罗素的判断可能是由于他把维特根斯坦与赖尔以及奥斯汀领导下的牛津大学"日常语言"学派混在一起而产生的偏见（见Ayer 1984：133-6）。

《哲学研究》与《逻辑哲学论》不同，《逻辑哲学论》从1925年左右开始统治被称为"维也纳学派"的科学家和哲学家群体的思想（当中的成员包括卡尔纳普、石里克和纽拉特），因而（由于1930年代犹太人的大量移民）对美国的实证主义遗产造成了间接却深刻的影响，虽然从来没有哪个"学派"是主要从《哲学研究》中获得灵感的。然而，它确实对一个个哲学家产生了强烈的影响，而且在那些既有足够的洞察力来吸收维特根斯坦后期哲学，又能坚持己见而不被其收服的人看来，它孕育了一些自维特根斯坦以来最有原创性和最重要的哲学著作。我在这里将提到三部。[1]

迈克尔·达米特关于逻辑和反现实主义的著作是从一个维特根斯坦式的前提出发的。他从维特根斯坦那里借鉴的观点是，公共语言中不能存在私人的语义学成分（见4.1.3）：如果两个人对一个陈述句的使用达成一致，那么他们关于其意义也就能达成一致（Dummett 1975a：216，226）。他还进一步争辩说，语言使用当中不是每个方面都与所涉及的语言表达的意义相关，更确切地说，某些用法可以说是那些表达方式所特有的：它们明确了意义，并且后续的使用可能因其偏离了这些意义而受到批评。特别是刻画经典逻

---

1　当然不只是针对这三位哲学家。余下的人中最重要的是，G. E. M. 安斯康姆（G. E. M. Anscombe），其开创性的著作《意向性》（*Intention*，1957）将维特根斯坦的洞见应用于与意图、行动、决定及意志相关的问题。

辑的推理模式就有可能会受到这种批评：我们公开地将"真"和
"假"应用于简单的数学陈述，却没有什么能将它们与证明和反驳
的概念区分开来。因此，经典逻辑进一步假设每一个陈述要么真
要么假就是没有任何根据的。这样，经典逻辑的排中律（大家比较
熟悉的真值表形式）最终也是没有根据的（Dummett 1975a：225-6）。

　　我们已经看到，维特根斯坦本人也会反对语言使用会受到批
评的观点：哲学家应该描述语言使用，而不是批评它。在这一点
上，他和达米特之间的这种区别或许可以追溯到：维特根斯坦坚持
真的概念除了作为一种去引号的手段之外没有任何内容（见 3.4）。
因为，如果维特根斯坦是对的，那么那些要求（比如）"要么他正在
阅读，要么他没有"在其析取支为真的条件下才能得到"辩护"的做
法不管怎么说都是白费力气的（见 4.2.7）。当然，达米特反对关于
真的"冗余"论（Dummett 1959：4-7）。

　　我们曾在某些场合考虑过克里普克的开创性著作（Kripke
1982）——可能是受到《哲学研究》的启发的美国哲学家最有影响
力的作品。在那本书中，基于我们在第 3 章第 3 节中讨论过的维特
根斯坦关于规则遵守的表述，克里普克对意义提出了一种全面的
怀疑论。根据这种怀疑论，根本就没有意义、理解、规则遵守等。
但是，他遵照着休谟也提出了他所谓的"对这些怀疑的怀疑论解决
方案"：我们可以合法地说某人的话所表达的意义是这样而不是那
样的。只不过我们千万不要认为这样做是在描述事实。这种怀疑
论本身虽然不是解决方案，但它与蒯因关于翻译不确定性和指称
不可测度性的著作之间具有显著的连续性。正如克里普克自己指
出的那样（Kripke 1982：57），他们主要的差异在于，蒯因的论证是
基于这样的假设：没有什么"内在的"过程可以将意义赋予本来无
意义的符号；而维特根斯坦的一大成就正是他对这个前提的论证
（见 3.3.2）。

152

　　但我们也考虑过克里普克对维特根斯坦的表述与后者实际所写的内容之间的两个区别。当然,维特根斯坦认为诸如意义和理解之类的东西存在,而且他只想攻击对它们的某些误解。更重要的是,维特根斯坦的真概念强烈地暗示了他认为我们不能在断言中划出一条界限来区分断言有没有"陈述事实",所以,他也可能会否认克里普克的"怀疑论解决方案"中有什么可怀疑的(见3.4.2)。

　　约翰·麦克道尔(John McDowell)的著作以一种完全不同的方式运用了许多公认为是维特根斯坦的思想,特别是其中的一些"浪漫主义"成分,我们曾在《哲学研究》第63—64节注意到(见1.3.4)。例如,考虑一下《哲学研究》第201节的展示:我们看到你

153　可以向其他人展示你的意思,但对方必须属于会和你有相同的自然反应的共同体。麦克道尔自己的认识论其实是从这种观点发展起来的:人们可以真的听到,例如,他所在的共同体中的某个人在思考什么(比如,他想让你续写+2这个数列),而该共同体之外的人就不行:"处于同一个语言共同体,这不仅意味着我们向别人表现出来的各个外在方面要相互匹配,而且要让我们彼此能够心灵相通,通过不同于我们向外界展示的外在表现来面对彼此"(McDowell 1984:253)。[2] 这只是麦克道尔以他自己的方式处理和发展的许多维特根斯坦思想当中的一个,其他的还包括私人语言论证和维特根斯坦的哲学观,即哲学在本质上是一种被动回应性的而非建设性的活动。麦克道尔(McDowell 1994)最为完整地展示了这一综合性成果。

　　正如这些哲学家所阐述的那样,维特根斯坦这部后期著作对

---

2　与民族性格中的浪漫主义思想的联系是显而易见的。对比休谟:"你知道希腊人和罗马人的感情、倾向和生活经历吗?好好学习法国人和英国人的脾气和行为:把你对后者所做的大部分观察都转移到前者,你不会大错特错。"

近代哲学领域产生了强大而有益的作用,他们也在不同程度上说明了,这种作用不能通过盲目顺从他的哲学观点或按照他所提议的方式去做哲学,而是要与这些观点做批判性的交锋,努力地区别和提取他对我们的哲学知识做出贡献的理论。而这正是你接触这部著作应该有的态度。

# 进阶阅读指南

除了正文中提到的著作,读者会发现下面这些文献也非常有益。

## 背　景

对《逻辑哲学论》最好的简要研究仍然是拉姆塞的评论(Ramsey 1923)。但初次读起来会非常困难。这两个文献(Mounce 1989,Kenny 1975)都是很好的介绍。

## 第 1 节　奥古斯丁的图画

贝克和海克两人对《哲学研究》里程碑式的研究,包括了逐节的文本解释,以及讨论文本的问题和由文本引出的哲学问题的学术论文。他们著作的第一卷最近出了新版(Baker and Hacker 2004):该书第一章对这块内容做了非常好的讨论。迈克尔·伦特利(Michael Luntley)对维特根斯坦对待奥古斯丁的态度做了一个

非正统而且非常有趣的解读：参见他即将出版的著作以及相关的
参考文献。

## 第 2 节　家族相似与理想的准确性

　　班伯勒（Bambrough 1960—1961）尝试将维特根斯坦的家族相
似理论应用到共相问题上。福斯特（Forster）对维特根斯坦的讨论
做了详尽而富有洞见的批判性研究。我将维特根斯坦对哲学可能
性的怀疑这部分从全书其余部分中单独拿出来，这对于一些评论
者来说是理解全书的关键。我已经忽略了这种解读，因为我觉得
那部分对于一本导读性质的书来说并不适合。但是，斯特恩（Stern
2004）对《哲学研究》从"皮朗式"（Pyrrhonian）的角度做出了非常
优秀、敏锐的解读。

155

## 第 3 节　意义与理解

　　黑尔（Heal 1989，第九章）讨论了维特根斯坦对证明和意义的
观点，而莱特（Wright 1980）也对此作了讨论（他的著作几乎一半是
关于达米特的观点，而另一半则是关于维特根斯坦的观点）。米勒
和莱特 2002 年的著作（Miller and Wright 2002）是一部论文集，其中
收录的论文聚焦于克里普克讨论规则遵守的那本书。

## 第 4 节　私人性

　　克里普克写的后记（Kripke 1982）非常清楚地讨论了维特根斯
坦关于他心问题的看法。《蓝皮书和褐皮书》（*The Blue and Brown
Books*）在最后 15 页对维特根斯坦关于自我的看法做出了很有帮助

的讨论。他的"关于私人经验和感觉材料的讲课笔记"能在《哲学事件,1912—1951》(*Philosophical Occasions 1912-1951*)中被找到,其中包含了对理解"私人语言论证"非常有益的背景。

# 参考文献

维特根斯坦的著作

BB      The *Blue and Brown Books*. Oxford: Blackwell, 1960.

LFM      *Lectures on the Foundations of Mathematics: Cambridge 1939.* Ed. Cora Diamond. Chicago: University of Chicago Press, 1975.

NB      *Notebooks 1914-16.* Ed. G. E. M. Anscombe and G. H. von Wright, trans. G. E. M. Anscombe. Second edition. Chicago: University of Chicago Press, 1984.

OC      *On Certainty.* Ed. G. E. M. Anscombe and G. H. von Wright, trans. G. E. M. Anscombe and D. Paul. Oxford: Blackwell, 1969.

PI      *Philosophical Investigations.* Ed. G. E. M. Anscombe and R. Rhees, trans. G. E. M. Anscombe. Third edition. Oxford: Blackwell, 2001.

PO      *Philosophical Occasions 1912-1951.* Ed. J. Klagge and A. Nordmann. Indianapolis: Hackett, 1993.

RFM　　*Remarks on the Foundations of Mathematics*. Ed. G. E. M. Anscombe, R. Rhees and G. H. von Wright, trans. G. E. M. Anscombe. Oxford: Blackwell, 1991.

TLP　　*Tractatus Logico-Philosophicus*. Trans. D. F. Pears and B. F. McGuinness. London: Routledge, 1961.

Z　　*Zettel*. Ed. G. E. M. Anscombe and G. H. von Wright, trans. G. E. M. Anscombe. Second edition. Oxford: Blackwell, 1981.

## 其他著作

Ahmed, A. 2007. *Saul Kripke*. London: Continuum.

Ayer, A. J. 1954. 'Could there be a private language?' *Proceedings of the Aristotelian Society*, Supplementary vol. 28: 63-76. Reprinted in G. Pitcher, ed., *Wittgenstein: The Philosophical Investigations*: 251-66. London: Macmillan.

—.1971. *Language, Truth and Logic*. Second edition. Harmondsworth: Penguin.

—.1984. *Wittgenstein*. Harmondsworth: Penguin.

Baker, G. P. and Hacker, P. M. S. 2004. *Wittgenstein: Understanding and Meaning. Part I: Essays*. Oxford: Blackwell.

Bambrough, R. 1960-1961. 'Universals and family resemblances'. *Proceedings of the Aristotelian Society* 61: 207-22.

Blackburn, S. 1984. 'The individual strikes back'. *Synthese* 58: 281-301.

Canfield, J. V. 2001. 'Private language: The diary case'. *Australasian Journal of Philosophy* 79: 377-94.

Carnap, R. 2003. *The Logical Structure of the World*. La Salle, Ill.: Open Court.

Craig, E. J. 1997. 'Meaning and privacy'. In R. Hale and C. Wright, eds, *Blackwell Companion to the Philosophy of Language*: 127-45. Oxford: Blackwell.

Dummett, M. A. E. 1959. 'Truth'. *Proceedings of the Aristotelian Society* 59: 141-62. Reprinted in his *Truth and Other Enigmas* (1978): 1-24. London: Duckworth.

—. 1975a. 'The philosophical basis of intuitionistic logic'. In H. E. Rose and J. C. Shepherdson, eds, *Logic Colloquium* '*73*: 5-40. Amsterdam: North-Holland. Reprinted in his *Truth and Other Enigmas* (1978): 215-47. London: Duckworth.

—.1975b. 'Wang's paradox'. *Synthese* 30: 301-24. Reprinted in his *Truth and Other Enigmas* (1978). London: Duckworth.

—. 1981. Frege and Wittgenstein. In I. Block, ed., *Perspectives on the Philosophy of Wittgenstein*: 31-42. Oxford: Oxford University Press. Reprinted in his *Frege and Other Philosophers* (1991): 237-48. Oxford: Clarendon Press.

Evans, G. 1980. 'Things without the mind'. In Z. van Straaten, ed., *Philosophical Subjects: Essays Presented to P. F. Strawson*: 76-116. Oxford: Clarendon Press. Reprinted in his *Collected Papers* (1985): 249-90. Oxford: Oxford University Press.

Feyerabend, P. 1955. 'Wittgenstein's *Philosophical Investigations*'. *Philosophical Review* 64: 449-83. Reprinted in G. Pitcher, ed., *Wittgenstein: The Philosophical Investigations*: 104-50. London: Macmillan.

Fogelin, R. 1987. *Wittgenstein.* Second edition. London: Routledge.

Forster, M. Forthcoming. 'Wittgenstein on family resemblance concepts'. In A. Ahmed, ed., *Wittgenstein's Philosophical Investigations: A Critical Guide.* Cambridge: Cambridge University Press.

Frege, G. 1967. 'The thought: A logical enquiry'. Trans. A. M. and M. Quinton, in P. F. Strawson, ed., *Philosophical Logic*: 17-38.

Frege [1892]1960. 'On sense and reference'. In P. Geach and M. Black, eds, *Translations from the Philosophical Writings of Gottlob Frege*: 56-78. Oxford: Blackwell.

Glock, H.-J. 1996. *A Wittgenstein Dictionary.* Oxford: Blackwell.

Hacker, P. M. S. 1999. 'Naming, thinking and meaning in the *Tractatus*'. *Philosophical Investigations* 22 (2): 119-35.

Heal, J. 1989. *Fact and Meaning: Quine and Wittgenstein on Philosophy of Language.* Oxford: Blackwell.

Hume, D. [1739]1949. *Treatise of Human Nature.* Ed. with an analytical index by L. A, Selby-Bigge. Oxford: Clarendon Press.

Kenny, A. J. P. 1975. *Wittgenstein.* Harmondsworth: Penguin.

Kripke, S. A. 1982. *Wittgenstein on Rules and Private Language*. Oxford: Blackwell.

Locke, J. [ 1694 ] 1979. *Essay Concerning Human Understanding*. Ed. P. H. Nidditch. Oxford: Clarendon Press.

Luntley, M. Forthcoming. ' What's doing? Activity, naming and Wittgenstein's response to Augustine'. In A. Ahmed, ed., *Wittgenstein's Philosophical Investigations: A Critical Guide*. Cambridge: Cambridge University Press.

McDowell, J. 1978. ' On "The reality of the past" '. In C. Hookway and P. Pettit, eds, *Action and Interpretation: Studies in the Philosophy of the Social Sciences*: 127-44. Cambridge: Cambridge University Press. Reprinted in his *Meaning, Knowledge and Reality* ( 1998 ): 295-313. Harvard: Harvard University Press.

—. 1982. ' Criteria, defeasibility and knowledge'. *Proceedings of the British Academy* 68: 455-79. Reprinted in his *Meaning, Knowledge and Reality* ( 1998 ): 369-94. Harvard: Harvard University Press.

—. 1984. ' Wittgenstein on following a rule'. *Synthese* 58: 325-63. Reprinted in his *Mind, Value and Reality* ( 1998 ): 221- 62. Harvard: Harvard University Press.

—. 1994. *Mind and World*. Harvard: Harvard University Press.

McGinn, M. 1997. *Wittgenstein and the Philosophical Investigations*. London: Routledge.

Malcolm, N. 1954. ' Wittgenstein's *Philosophical Investigations*'. *Philosophical Review* 63: 530-59. Reprinted in G. Pitcher, ed., *Wittgenstein: The Philosophical Investigations*: 65-103. London: Macmillan.

Miller, A. and C. Wright, eds. 2002. *Rule-Following and Meaning*. London: Acumen.

Moran, R. 2003. *Authority and Estrangement*. Princeton: Princeton University Press.

Mounce 1989. *Wittgenstein's Tractatus: An Introduction*. Chicago: Chicago University Press.

Quine, W. V. 1968. ' Ontological relativity'. *Journal of Philosophy* 65: 185-212. Reprinted in *Ontological Relativity and Other Essays* ( 1969 ): 26- 68. New

York: Columbia University Press.

—. 1969. 'Natural kinds'. In N. Rescher, ed., *Essays in Honour of Carl G. Hempel*: 5-23. Dordrecht: Reidel. Reprinted in *Ontological Relativity and Other Essays* (1969): 114-38. New York: Columbia University Press.

—. 1981. 'Things and their place in theories'. In his *Theories and Things*: 1-23. Harvard: Harvard University Press.

Ramsey, F. P. 1923. 'Critical notice of the *Tractatus*'. *Mind* 32: 465-78.

Russell, B. [1912]2001. *The Problems of Philosophy*. Oxford: Oxford University Press.

—. 1959. *My Philosophical Development*. Woking: Unwin.

Stern, D. 1995. *Wittgenstein on Mind and Language*. Oxford: Oxford University Press.

—. 2004. *Wittgenstein's Philosophical Investigations: An Introduction*. Cambridge: Cambridge University Press.

Strawson, P. F. 1954. 'Review of Wittgenstein's *Philosophical Investigations*'. *Mind* 63: 70-99. Reprinted in G. Pitcher, ed., *Wittgenstein: The Philosophical Investigations*: 22-64. London: Macmillan.

Stroud, B. 2001. 'Private objects, physical objects and ostension'. In D. Charles and W. Child, eds, *Wittgensteinian Themes: Essays in Honour of David Pears*: 143-62. Oxford: Oxford University Press.

Sullivan, P. 2003. 'Simplicity and analysis in early Wittgenstein'. *European Journal of Philosophy* 11: 72-88.

Wright, C. 1980. *Wittgenstein on the Foundations of Mathematics*. London: Duckworth.

—. 1986. 'Does *Philosophical Investigations* I, 258 suggest a cogent argument against private language?' In J. McDowell and P. Pettit, eds, *Subject, Thought and Context*. New York: Oxford University Press.

# 索 引

**图书在版编目(CIP)数据**

导读维特根斯坦《哲学研究》/(英)阿里夫·阿迈德(Arif Ahmed)著；万美文译. --重庆：重庆大学出版社，2020. 1

(思想家和思想导读丛书)

书名原文：Wittgenstein's'Philosophical Investigations'：A Reader's Guide

ISBN 978-7-5689-1875-6

Ⅰ.①导… Ⅱ.①阿…②万… Ⅲ.①维特根斯坦(Wittgenstein，Ludwig 1889—1951)—哲学思想—思想评论 Ⅳ.①B561.59

中国版本图书馆 CIP 数据核字(2019)第 250822 号

# 导读维特根斯坦《哲学研究》
### DAODU WEITEGENSITAN ZHEXUE YANJIU

[英]阿里夫·阿迈德 著

万美文 译

策划编辑：贾 曼 陈 康
特约策划：邹 荣 任绪军
责任编辑：林佳木 陈 康 邹 荣 版式设计：邹 荣
责任校对：关德强 责任印制：张 策

\*

重庆大学出版社出版发行
出版人：饶帮华
社址：重庆市沙坪坝区大学城西路 21 号
邮编：401331
电话：(023)88617190 88617185(中小学)
传真：(023)88617186 88617166
网址：http://www.cqup.com.cn
邮箱：fxk@cqup.com.cn(营销中心)
全国新华书店经销
重庆市正前方彩色印刷有限公司印刷

\*

开本：890mm×1168mm 1/32 印张：6.125 字数：157 千 插页：32 开 2 页
2020 年 1 月第 1 版 2020 年 1 月第 1 次印刷
ISBN 978-7-5689-1875-6 定价：38.00 元

*Wittgenstein's* ' Philosophical Investigations ' : *A Reader's Guide,* by Arif Ahmed,ISBN：97808246492647

© Arif Ahmed 2010

This translation is published by arrangement with Bloomsbury Publishing Plc.

版贸核渝字（2015）第 080 号

# gu⊿de

**思想家和思想导读丛书**

★表示已出版

## 思想家导读

导读齐泽克★　　　　　　　导读德里达★
导读德勒兹★　　　　　　　导读弗洛伊德(原书第2版)★
导读尼采★　　　　　　　　导读海德格尔(原书第2版)
导读阿尔都塞★　　　　　　导读鲍德里亚(原书第2版)★
导读利奥塔★　　　　　　　导读阿多诺★
导读拉康★　　　　　　　　导读福柯★
导读波伏瓦★　　　　　　　导读萨义德(原书第2版)
导读布朗肖★　　　　　　　导读阿伦特★
导读葛兰西★　　　　　　　导读巴特勒★
导读列维纳斯★　　　　　　导读巴赫金★
导读德曼★　　　　　　　　导读维利里奥★
导读萨特★　　　　　　　　导读利科
导读巴特★

## 思想家著作导读

导读尼采《悲剧的诞生》★　　　导读德勒兹《差异与重复》
导读巴迪欧《存在与事件》　　　(亨利·萨默斯-霍尔 著)
导读德里达《书写与差异》　　　导读德勒兹与加塔利《什么是哲学?》★
导读德里达《声音与现象》　　　导读福柯《性史(第一卷):认知意志》★
导读德里达《论文字学》★　　　导读福柯《规训与惩罚》★
导读德勒兹与加塔利《千高原》★　导读萨特《存在与虚无》
导读德勒兹《差异与重复》★　　　导读维特根斯坦《逻辑哲学论》★
(乔·休斯 著)　　　　　　　　导读维特根斯坦《哲学研究》★

## 思想家关键词

福柯思想辞典★　　　　　　布迪厄:关键概念(原书第2版)★
巴迪欧:关键概念★　　　　　福柯:关键概念★
德勒兹:关键概念(原书第2版)★　阿伦特:关键概念★
阿多诺:关键概念★　　　　　德里达:关键概念★
哈贝马斯:关键概念★　　　　维特根斯坦:关键概念
朗西埃:关键概念★